昭和史 上

松本清張と私

渡部昇一

JN167728

ビジネス社

目次

第5章●北原二等卒の直訴【軍隊】

第6章●日本共産党の問題【共産党】

第7章●満洲某重大事件【満洲】

下巻の内容

序章　『昭和史発掘』に疑義あり

【昭和】　二十世紀は「戦争と革命の時代」といわれる。六十四年間つづいた昭和という時代も、（革命こそ起らなかったものの）二・二六事件（昭和十一年）や大東亜戦争（同十六年）、そして敗戦（同二十年）、経済復興と、まさに激動の時代であった。この時代をどう捉《とら》えるか――。

松本清張の労作『昭和史発掘』は、さまざまな事件・事象に分け入って昭和前期を描いた。ただし、基調になっているのは平成のいまに至るまでもつづく「暗黒史観」である。果たして昭和前期という時代はそんなに暗かっただろうか。普通選挙法が成立し（大正十四年）、大正以来のデモクラシーに花が咲いたのも、大衆文化が真に根づいたのもこの時代であった。当時を活写した佐々木邦のユーモア小説全集を見よ。

昭和の明るい面を見落してはならない。

松本清張氏と私

松本清張氏は、私がもっとも愛読した作家のひとりです。

昭和三十三年（一九五八年）ドイツ留学から帰って間もなく、私はたまたま「真贋《しんがん》の森」（現在は新潮文庫）という短篇を読みました。名画を贋作《がんさく》する画家の話ですが、それを読んだとき私は——こんなすごい作家が日本にもいたのかと、非常にびっくりした覚えがあります。鋭い人間観察と非常に巧みなストーリー展開、そこにはそれまでの日本の小説には見られないまったく新しい小説世界がひらけていました。

私は、そんな作家の作品をリアルタイムで読めることにとても大きな喜びを感じたものでした。

それ以来、松本清張氏の本は新刊が出るとすぐ買って読んできましたので、松本さんの作品はハードカバーでほとんど全部そろっているのではないかと思います。私はそれほどの清張ファンなのです。

私は原則としてテレビ・ドラマは見ません。しかし松本さんの原作によるドラマはすべて見るようにしています。松本清張氏のミステリーをテレビ化したものは必ずビデオにとってもらって見ることにしています。ほかの作家のミステリーをドラマ化したものはつくりものめいていて、安っぽい人情劇に堕してしまうことが多いため、見ていてもたいていは退屈してしまうのですが、松本さんのミステリーをもとにしたテレビ・ドラマはそうではありません。かなり脚色されていたとしても、見ているうちにゾクゾクしてくるような緊張感があります。風俗や背景を現代に移しかえても、登場人物や話の流れにリアリティがあります。

松本清張氏は周知のように、貧しい境涯のなかから這《は》いあがってきた人です。育った家はそれこそ崖《がけ》っぷちに建っていて、家の半分は石垣から海に突き出し、クイの上に乗っていたといいます。床下からは絶えずタップン、タップンと水の音が聞こえたそうですが、その家も、松本さんが四歳のとき土砂崩れでつぶれてしまいます。そんな境遇から出発してあれだけの大作家になったわけですから、やはりただならぬ天才であったことはたしかです。私が松本清張氏を深く尊敬する所以《ゆえん》です。

本書で取りあげる『昭和史発掘』（文春文庫）も、はじめて読んだとき、これは大変な力作だと思いました。

この作品は「週刊文春」の一九六四年（昭和三十九年）七月六日号から連載がはじまり、一九七一年（昭和四十六年）四月十二日号までつづきました。かれこれ七年近い、長期にわたる連載です。

一九六四年というと、「六〇年安保」の騒動が終ってしばらくたち、今度は「七〇年安保」がくるぞという予感のある時期でした。いわば、左翼の時代でした。それに対して、日本の左傾化を憂える文化人・経済人たちが結集して「日本文化会議」を結成しています。理事長は、プラトン研究の第一人者・田中美知太郎《たなかみちたろう》先生でした。一九六四年というのはそんな時代でした。

連載が終った一九七一年はオイル・ショックの少し前で、日本の高度経済成長がその最盛期を迎えた時期にあたります。

その一九七一年にしても、いまから数えればすでに三十年以上も昔のことです。当時四十歳だった読者たちは一九三一年（昭和六年）の生まれということになりますから、私（昭和五年生まれ）とほぼ同世代です。当然、「戦前」についても明瞭《めいりょう》な記憶をもっています。

そういう読者たちが――戦前、ちょっと報じられたけれども真実はどうだったのかと、頭のスミ、心のはしっこのほうで気にかけていた事件、それをかたっぱしから取りあげたのが『昭和史発掘』の連載でした。

松本清張氏はきわめて詳しい調査にもとづいて、芥川龍之介の自殺、共産党の一斉検挙事件、張作霖《ちょうさくりん》爆死事件、五・一五事件、そして二・二六事件……を描きました。それらの事件の真相はいったいどういうことだったのか、いまあらためてどんな新事実が発掘されるのか。読者たちが松本さんの記述に大いに期待したことはいうまでもありません。

調査ジャーナリズム・ふたつの金字塔

『昭和史発掘』。

もちろんこれだけの調査は、きわめてエネルギッシュだった松本清張氏をもってしてもひとりの努力でなしうるものではありません。文藝春秋の編集者たちの協力がなければなりませんでした。

ただし、そうした協同作業がなにか機械的な作業であったかのごとく受け取られることは、松本さんの非常に反発するところでした。それは『二・二六事件』（文藝春秋）の「まえがき」にこう書いていることからも明らかです。

《巷間《こうかん》、故意にデマを流布するものあり、わたしが数人の助手を擁し、工房まがいのものを持ち、あるいはそれらに取材させ、あるいは代作させるなどと悪宣伝する。一部の人々、またそれを信ずるものあり、かなりな「評論家」すら書評紙に、「松本は永久にその実態（右の「代作」のことや「工房」の意味）を明かさないでしょうねえ」「そうでしょうねえ」などのやりとりを見るが、私は一度として代作させたこともなく、「工房」を持ったこともない。調査をたのむことがあれば、すべて出版社の担当者にたのむ。これは三十数年来のことであるから、出版界においては周知のことである》

『昭和史発掘』の場合、「出版社の担当者」だったのが文藝春秋の藤井康栄《ふじいやすえ》さんという女性編集者でした。彼女はこう書いています。

《私は裏面史を追ってもらおうとしていたわけではなくて、むしろ大真面目に、どういうテーマを立てれば昭和前期という時代を先生の筆で描いて見せられるか、考えました。そうしたら先生は「そういうことは確かにわかるよ。だけど、一級資料がなければ書けないよ」と、こともなげにおっしゃるのです。それからの強迫観念たるや、大変なものです。一級資料の何たるか、そのへんに転がっている物じゃない、ということは重々わかっているんです。それを毎週要求されて、果してやっていけるんだろうか、というプレッシャーで、担当ページがまっ白になる夢を何度も見ました》

（「『昭和史発掘』の取材現場から」）

しかも彼女が取材をしてくると、松本さんはつぎつぎと疑問を投げかけ、矢のように質問をあびせかけてきたそうです。松本さんは質問をしながら、自分なりに推理し、構成を固めようとしていたのだと思われます。

《素朴、純真で、子供が「どうして？　どうして？」と問い詰めてくるようなところがあります。取材にあたったばっかりに、私を歴史上の人物にしたてて被告席に坐らせ、先生は検事にでもなられたつもりで、「どうしてそのときそんな気持になったのかね」というように追い詰めてこられるんです。こちらはなぜ二・二六の将校になり代わって弁明しなければならないのか、戸惑いますよね。それが先生流のディベートなんです》

（同上）

今回、『昭和史発掘』全巻を再読するにあたって、私は同時に立花隆氏の『日本共産党の研究』（講談社文庫）全三巻も読み返しました。そして、こういうことに気づきました――松本さんにしろ立花氏にしろ、じつにすぐれた著者でありますが、やはりこれだけの作品は作家個人の調査だけで書きうるものではないということです。

前述したように松本さんは、「工房」作業が行われたというようなことは強く否定していますけれども、しかし松本さんひとりの力で『昭和史発掘』が完成されたわけではありません。藤井康栄さんという編集者の大いなる協力があったことは上の短い引用からもわかるはずです。

立花氏の『日本共産党の研究』も、「文藝春秋あげて」と評しても過言ではないほどの調査陣を整えて書かれたものと言われています。その調査陣のなかには、現在、出版社

「WAC」の社長をしている鈴木隆一さんをふくめ、じつに有能な人たちがたくさん加わっていました。そんな優秀なスタッフが日本中を飛びまわって資料を集め、かつ執拗《しつよう》なインタビューを行っていたのです。そうして集まった厖大《ぼうだい》なデータを立花氏がまとめあげたというわけです。

立花氏自身、本文のなかでこう明かしています。

《私たちの作業室には、現在横に積み重ねれば、軽く三十メートルに及ぶであろう資料がある。この他に、文芸春秋社の資料室所蔵の資料は随時必要に応じて持ちこんでいる。また、新聞・雑誌のコピーが、やはり重ねれば一メートルにはなるであろう。その他に、関係者の証言のテープ速記、聞き書きなどが、延べにして数十時間分はあるだろう。(中略)

私たちの手法を公開してしまえば、手間はかかるが、さして困難なことではない。要するに、あらゆる資料(聞き書きも含む)をバラバラにして、同じ時代、同じできごとについての叙述をひとまとめにして、それを比較検討していくという、研究者なら誰でもやっていることだ。ただ私たちは、ゼロックスを利用して、分業でやっているから、コツコツ一人でやっている研究者より、より多くの資料をより早くこなせることと、天才的な整理魔が三人ばかりチームの中にいるために、大量の資料を消化するための独特の

ノウ・ハウを開発しているだけのことである》（第五章）

当時のはやりの英語でいうと、これは“investigative《インヴエステガテイヴ》 journalism《ジヤーナリズム》”ということになります。訳せば、「調査ジャーナリズム」。『昭和史発掘』と『日本共産党の研究』はまさに調査ジャーナリズムの二大金字塔であるといえます。これだけの力作は今後なかなかあらわれないだろうと思います。

松本清張氏の「暗黒史観」

今回、『昭和史発掘』を読み返してみて私は、あつかわれた「昭和前期」という時代をとらえる見方にはふたつの視点があるという実感をもちました。それもまったく正反対の、一八〇度ちがった見方です。

ひとつは――日本という国はなんと穏やかでいい国であったのか、という見方です。国民の取りあつかいにあたっては、当時のソ連やドイツなどでは考えられないような民主的な手続きが行われていました。具体的には以下の各章で詳述しますけれども、日本はこんなにまでも民主的であったのか、という驚きすら覚えました。それはおそらく「大正デモクラシー」の名残《なご》りだと思われます。大正デモクラシーは今日必ずしも高い評価を受けておりませんが、しかし昭和前期には大正時代のよき面がまだつづいていたのだと思います。

もうひとつの見方は——大正デモクラシーの終りごろから昭和前期は暗黒時代であった、というものです。

この見方に強い影響を与えているのは一九一七年、すなわち大正六年に勃発《ぼっぱつ》したロシア革命です。レーニンらが起したロシア革命は、ロマノフ王朝の皇帝（ニコライ二世）、皇后、皇子、さらには皇帝の乗っていた愛馬まで殺しました。また、気に入らない、あるいは共産主義政策に合わない人々を数年間で八百万人虐殺したといわれています。フランスの共産主義思想の研究家であるステファヌ・クルトワとニコラ・ヴェルトの共著『共産主義黒書』（恵雅堂出版）は、革命の全期間を通じての犠牲者は六千五百万人にのぼるとも書いています。ロシア革命はそれほど残虐をきわめたのです。

このロシア革命は当時の日本に甚大なる影響をおよぼしました。それは、①王室（皇室）を廃止する、②私有財産制度を転覆する、というふたつの要素をもっていたからです。それこそは日本国家の基軸に真正面から衝突するものでした。

ところがそんな共産主義に心酔した人たちは、モスクワに本拠を置くコミンテルン（国際共産主義運動）の本部から「運動方針」と「資金」を受け、活動をはじめています。当然、日本政府はこれを取り締りました。それが治安維持法（大正十四年）です。戦後、治安維持法は「悪法の典型」のようにいわれてきましたが、共産主義者たちは「現存する体制を暴力で引っくり返す」「皇室を廃止する」といっていたのですから、政府がこれを取り締る法律をつくるのは当然でした。

ただし取り締られた側は——これは当局からの迫害であり、国家権力による弾圧であると受け止めました。そんな彼らからすれば、大正デモクラシーの終りごろから昭和前期は「暗黒時代であった」ということになります。彼らは当然「昭和前期＝暗黒」史観に立ちます。そうした左翼連中の見方を「お尋《たず》ね者史観」と呼んだのは、亡くなった評論家の山本夏彦さんでした。

《「戦前戦中まっ暗史観」は社会主義者が言いふらしたんです。社会主義者は戦争中は牢屋にいた、転向して牢屋にいない者も常に「特高」に監視されていた。彼らにしてみれば、さぞまっ暗だったでしょう。（中略）僕はそれを「お尋ね者史観」と呼んでいます》

（『誰か「戦前」を知らないか』、文春新書）

「昭和前期は真っ暗だった」というのは、戦前「お尋ね者」として警察当局から監視されていた共産主義者がいいふらしたことだから、山本さんは「お尋ね者史観」と呼んだわけです。まさに言い得て妙の命名です。

このように、松本清張氏の『昭和史発掘』が取りあつかう時代については――①日本は明るい国だった、②いや暗黒だった、というふたつの視点があるのです。ここを見落とすと、「昭和史の真実」はわからなくなってしまうのではないでしょうか。

『昭和史発掘』の資料を集めたり、関係者のインタビューを取ってきたりした女性編集者はおそらく共産党員ではなかっただろうと思います。だから公平な目で資料を集め、関係者の証言も取ってきたはずです。したがって松本さんの手もとに集まった資料のなかには、大正デモクラシーの息吹《いぶき》を伝えるような、当時の日本の良さがそのまま出ていたものも数多くあったことと思われます。ところが、それをまとめる松本さんのほうは、生前、共産党支持を表明していたことからもわかるように「暗黒史観」(お尋ね者史観)の持ち主でした。したがって時代は黒一色で塗られることになってしまったのです。

松本さんの力作『昭和史発掘』の唯一の欠点は、当時の日本が他国には例を見ないような穏やかでいい国であった側面をほとんど消してしまったことにあるように思われます。

取りあげられた事件のひとつひとつは非常に丁寧に描かれながらも、基調には暗黒史観が横たわっている――それが全巻を通じて見られる『昭和史発掘』の基本的な構図です。

第1章 陸軍機密費問題

【軍部】 軍部が政治を左右するようになるのは二・二六事件以降である。以後、国家総動員法（同十三年）、大政翼賛会（同十五年）……と、日本の議会政治はじょじょに首を締められてゆく。

しかし昭和初期は、軍部といえども政治を牛耳ることはできなかった。それどころか世界的な軍縮の流れのなかで四個師団が削減され、肩身の狭くなった軍人は軍服を着て町を歩けなかったという。「ゆくゆくは元帥」といわれた陸軍大将・田中義一でさえ、政界入り（大正十四年）に際しては当時の金額で三百万円という手土産を用意しなければならなかった。

シビリアン・コントロール（議会制民主主義）の利いている国（時代）は健全である。

三百万円はどこから出たか

陸軍機密費問題というのは、陸軍大将・田中義一《たなかぎいち》が政友会総裁に就任する（大正十四年）にあたって手土産《てみやげ》にした三百万円の出所をめぐる疑惑事件です。大正十五年（その年の暮れに昭和と改元）に国会の問題になっています。

田中義一は陸軍長州閥の輝ける存在で、ゆくゆくは元帥への昇進を約束されていた将軍です。ところが彼は、その栄誉を振り捨てて政友会の総裁に就任します。

松本さんも書いているとおり、彼は《生来が単純な男で、しかも、あけすけな性格だった》ようです。自分のことを「おら、おら」といっていたので、昭和二年（一九二七年）、ついに首相の座を射とめると「おらが大将」と呼ばれるようになったのは有名な話です。

当時の政界は政友会と憲政会が勢力を二分していて、憲政会の総裁は加藤高明《かとうたかあき》首相、政友会の総裁は高橋是清《たかはしこれきよ》でした。高橋是清はすでに首相をつとめ、「だるま宰相」と呼ばれて親しまれていた人物ですが、のちの二・二六事件（昭和十一年）で暗殺されています。

そのころの政党もいまとおなじで、非常にカネがかかったと見えます。高橋是清は、党から持ち込まれた四十万円ばかりの手形の引き受けをことわったために、党内から総スカンをくって総裁をおろされます。そこで、つぎの政友会総裁に担ぎあげられたのが田中義一大将でした。そのとき彼は政友会への手土産として三百万円もってきたというのです。

これが現在のいくらに相当するか。

もちろん正確な数字をはじき出すことはできませんが、かりに米価の変遷をつかって算出すると――現在の米価は昭和元年のざっと千五百倍ですから、当時の三百万円はだいたいいまの四十五億円前後（！）になります。

大変な金額ですが、もちろんそれだけの手土産をもってきたこと、それ自体が問題とされたわけではありません。問題はその出所でした。いったいその三百万円はどこから出たのか。

陸軍大将といっても給料はたかが知れています。退役のときのカネ（いわば退職金）も、恩給もそれほどたいした額ではありません。ではいったい田中大将はどこでそんな大金を工面《くめん》したのか。どこから捻出《ねんしゅつ》してきたのか……。

陸軍にも派閥がありますから、反田中派（反長州閥）の軍人もいます。そういう連中のあいだから、カネの出所を怪しむ声があがりました。そして調べてみると、乾新兵衛《いぬいしんべえ》という神戸の高利貸しから調達したことが判明します。しかしこの男は有名な高利貸しで、担保なしでカネを貸すような人間ではなかった。げんに乾新兵衛は、《「なに、公債をちゃんと入れてもらっとるさかいに大事おまへん」》といっていたと、松本さんは書いています。

そこから陸軍の機密費問題が浮かびあがってくるのです。

機密費というのは会計検査院の検査を受ける必要のないカネで、陸軍省では預金や公債のかたちでプールしていました。大正七年から長らく陸軍大臣をつとめた田中義一は、そのカネを自由にできる立場にあったのです。したがって、政友会への手土産にした三百万円もこの軍事機密費の公債を流用したものではないかと見られたわけです。

そこで反田中派の軍人や憲政会がこの問題を取りあげ、一気に騒がしくなりました。告訴状が出され、国会の論議になった。

果たして真相は……というのが、『昭和史発掘』の叙述の中心になっています。

機密費を活用した明石大佐

社会派作家らしく松本さんは、陸軍大臣や陸軍次官、あるいは軍務局長といったエリートたちが――いや、下っぱの経理担当の軍人までもが軍事機密費を勝手に動かすさまを描いています。官僚機構の腐蝕《ふしょく》を衝こうという狙《ねら》いもあったように思います。

近年も外務省（二〇〇一年）や内閣官房（二〇〇四年）で機密費流用事件が明るみに出たように、役人の腐敗はしばしば取り沙汰《ざた》され、そのたびに「機密費」が槍玉《やりだま》にあげられます。しかしその一方で、会計検査の必要のない機密費にはいろいろ複雑な意味があるのも事実です。したがって、単純に「悪いものだ」と割り切れるものではありません。

機密費がプラスにはたらいた例をあげれば、日露戦争のときの明石元二郎《あかしもとじろう》大佐のケースがあります。

明石元二郎

情報将校・明石大佐は、当時の政府からいまのカネにして百億円ともいわれる機密費を与えられました。彼はそのカネで敵国・ロシアの治安攪乱《ちあんかくらん》を企てました。スウェーデンのストックホルムを中心に活動して、ヨーロッパ各地に亡命していたロシアの革命家たちに資金援助をしたのです。パリでは空前絶後の「反ロシア集会」も成功させています。またレーニンなどとも親交があって、レーニンは明石大佐からカネをもらっていたといわれます。

その結果、日露戦争中のロシアでは国内各地で反政府暴動やストライキが頻発し、ロシア政府も戦争に専念できなくなってしまいます。戦争中の一九〇五年、ペテルブルグでストに入った労働者たちに皇帝の軍隊が発砲するという「血の日曜日」事件が起き、これがロシア革命の引金になったといわれていますが、これももとをただせば明石大佐の活動が遠因になっています。

国内はそんな状態だし、満洲を舞台にした陸軍の戦況も思わしくない。そこでニコライ二世は、ロシアの満洲軍総司令官クロパトキンに不満をもつようになります。

しかしクロパトキンは、たしかに旅順、奉天と、日本軍に敗れはしたものの、日本軍のエネルギーも奉天あたりで尽きるだろうと見ていました。戦線が延《の》びれば、日本軍も武器・弾薬・食糧の補給が困難になる。したがってハルビンあたりまで下がって戦えば勝機はある、と計算していたわけです。少なくとも負けることはないと考えていました。

ところが、当時のロシア国内の社会情勢はクロパトキンのそうした戦略を許しませんでした。上記のように明石大佐の攪乱によって反政府暴動や労働争議がつづいたため、そんな悠長なことはいっていられなくなってしまったからです。クロパトキンも思うような戦いをできなくなってしまう。それが陸上の戦いでのロシア軍の敗因といわれています。

ロシアをそこまで追いつめたのは明石大佐の工作でした。そこで日露戦争後、明石大佐のはたらきは「数個師団に匹敵した」とか、「日露戦争の勝因のひとつは明石大佐であった」という讃辞が送られることになったわけですが、その明石大佐の活動を支えたのが、現在の金額になおして百億円ともいわれる「軍事機密費」でした。

明石元二郎は清廉潔白な人でしたから、それだけ莫大《ばくだい》な機密費を与えられても、それを私的に流用することはいっさいありませんでした。ロシアに出発する前、夫人から「家の屋根の修理が必要だ」といわれても、「いまはできない」と答えて、修理もさせないでヨーロッパへ出かけています。たとえそれが屋根であっても、それを修理したら、機密費を流用したのではないかと疑われるのを恐れたからでした。

戦争が終って日本に帰ってきたときはいまの金額で二十数億円を「使い残しました」といって返しています。与えられた機密費の約四分の一はきちんと返したわけです。

そして日露戦争終結から十二年たった一九一七年（大正六年）、ロシア革命が起きます。その火種をまいたのは明石大佐だったといえるかもしれません。

これは機密費がプラスにはたらいた非常にめざましいケースです。

第一次大戦とシベリア出兵

田中義一の陸軍機密費に話を戻せば——彼がこれを陸軍省に蓄えたのはシベリア出兵（大正七年〜同十一年）のときだといわれています。その時期、彼は陸軍大臣をつとめていました。

シベリア出兵というのは、第一次世界大戦のときの出来事です。

第一次大戦は周知のように、ドイツ・オーストリアの同盟国軍（同盟国）とイギリス・フランス・ロシアの三国協商軍（連合国）の戦いで、日本はそこに参戦する理由もなければ、その欲望ももっていませんでした。

日清戦争（一八九四年）に勝った日本は清国《しんこく》から遼東半島《りょうとうはんとう》の割譲を受けたにもかかわらず、ロシア・フランス・ドイツの三国から干渉され、それを返さざるをえなかったという痛い経験もあって、出兵に関しては非常に慎重でした。また諸外国にも、ヨーロッパが戦場になっているあいだに日本がこそこそ動きまわるのではないかという警戒心もありました。

ウラジオストック市街中心部を行進する日本軍

だから当初は、日本の動きを抑えようとする気運が強かったようです。もっともそれは彼らの杞憂《きゆう》で、日本は動こうとはしませんでした。

　ところが戦端がひらかれると、ヨーロッパの戦況は深刻になりました。そこで連合国側から「日本の援助が必要だ」という声があがります。やや誇張していえば、それこそ駐日英国大使が日本の外務省に日参して参戦を求めてくるというほどでした。そこでようやく日本も参戦を決めるわけですが、といっても参戦したのは海軍だけで、陸軍はついに出動しませんでした。

　その海軍にしても、日英同盟の範囲はインドより西にはおよばなかったため、「インド洋より先には出せない」といって、当時ドイツ領であった山東半島に上陸してドイツの租借地・青《チン》島《タオ》を攻撃したり、太平洋上のドイツ領の島々を攻略したりするにとどまりました。カロリン諸島やマーシャル諸島、あるいはマリアナ諸島といった南洋の島々を攻め、エムデン号など、ドイツの巡洋艦を追いまわした程度です。

開戦三年目の一九一七年、ドイツ艦隊の活動が盛んになると、日本はまたイギリスの要請を受けます。そこで巡洋艦一隻、駆逐艦八隻からなる一水雷戦隊を地中海に派遣し、ドイツの潜水艦から連合国の輸送船を守り、感謝されています。しかし概していえば、日本海軍も連合国側から頼まれてしぶしぶ出たという感じでした。

そのうち、こんな珍妙な事件が起ります。

開戦当初、チェコ兵はロシア軍のなかに入ってドイツと戦っていたのですが、ロシアに革命が起きます（一九一七年）。そしてロマノフ王朝が倒れ、ソビエト政権に代わると、革命ロシアは対独戦線から離脱したのです。そのときチェコ兵はロシア近傍に四万人ちかくいましたが、彼らは怨《うら》みかさなるドイツとどうしても戦いたいというので、形式上フランス軍の指揮下に入ることになりました。といってもチェコ兵がいたのはロシア側、すなわち東部戦線です。これを西部戦線まで送り込まなければならない。そこでどうしたかというと、シベリア鉄道でウラジオストックまで輸送し、さらに海路でヨーロッパに送り込むという、とても面倒臭い手順を踏むことになりました。

ところが輸送の途中、チェコ兵とロシア革命軍が衝突して戦闘になってしまいます。革命軍がチェコ軍の移動を妨害しようとしたのが原因でした。そこでチェコ兵がスムーズにウラジオストックまで行けるよう、連合国側はまたまた日本に派兵を求めてきたのです。

この場合も日本は渋って、なかなか出兵しようとはしませんでした。アメリカが日本の動きに神経を尖《とが》らせていたのを知っていましたから、「アメリカが出兵するなら、わが国も出しましょう」といいました。外交関係に気をくばって非常に慎重だったなと思うような判断でした。そこで連合国はアメリカのウィルソン大統領を説いて、シベリアへの日米共同出兵を促し、やっと派兵が決まったという経緯があります。

日本は、第十二師団（師団長・大井成元《おおいしげもと》中将）がウラジオストックに向かい、アメリカもイギリスも、フランスもシベリアへ軍隊を派遣しました。しかしアメリカ軍はその目的も達成しないうちにさっさと帰ってしまい、英仏も一九二〇年には引きあげたため、日本軍だけが取り残されたようなかたちになってしまいました（結局、一九二二年までズルズルと居残った）。

このシベリア出兵は、戦費がかさんだうえに見るべき成果もあげられなかったし、さらには次節に述べるような尼港《にこう》事件まで起きたので、非常に評判が悪かったのはたしかです。松本さんもこう書いています。

《シベリヤ出兵は日本国民の間に不評判だった。その主な理由は、他国の兵を助けるという理由が直接の利害感とならなかったので、戦意の昂揚に欠けていたこと、次にはチェコ軍を救援したあとは占領地から引揚げるという建前《たてまえ》が戦争の目的としてはいかにも弱かったことなどが挙げられる。

つまり、戦争に勝てば必ず敵国の占領地を取ってきた日清、日露戦争の経験者である国民にはこれが納得ゆかなかったのである》

ただし松本さんは、このシベリア出兵には共産化されたロシア（ソ連）とのあいだに緩衝地帯を築くという狙いがあったことも指摘しています。

それはまさにそのとおりですが、これまで見てきたように、第一次大戦やシベリア出兵に際して日本が非常に消極的だったという点を見逃してはなりません。というのも、これにはふたつの意味があると思うからです。

ひとつは、戦前の日本はよく「軍国主義的だった」といわれますが、けっしてそうではなかったということ。

第一次大戦でもシベリア出兵でも、イギリスに頼まれてしぶしぶ参戦したのですから、日本は断じて「好戦国」ではありません。

ふたつ目は――日本は好戦国ではなかったから本格的に参戦しなかった、それが裏目に出てしまったということです。

もし第一次大戦に、陸軍が二、三個師団の兵を出していれば、戦後の日本の地位はどれほどあがったことでしょう。イギリスには〝A friend in need is a friend indeed.〟という古い言葉があります。日本語に直せば、「まさかの友こそ真の友」。困ったときに助けてくれた友だちこそほんとうの友だちだ、という意味ですが、その点からしても第一次大戦に本格参戦していたら、その後の日英同盟の廃棄もなかったことでしょう。ということは大東亜戦争も起らなかったかもしれない……。それを考えると、本格的に参戦しなかったのはじつに惜しいことをしたと思います。

イラクへの自衛隊派遣（二〇〇三年）を見てもわかるように、軍隊というものは出すべきときには出さなくてはいけません。出すべきときに出さないのは「六日のあやめ、十日の菊、喧嘩《けんか》すぎての棒ちぎれ」、諸外国からの信頼を失う結果になってしまいます。

尼港事件・共産パルチザンの残虐行為

ところで、連合国の軍隊がシベリアから撤退したあとに起きた尼港事件（一九二〇年）について松本さんはこう書いています。

《この事件は、黒竜江口のニコライエフスク（尼港）を占領した日本軍の一支隊が兵力手薄であったため、大正九年二月二十八日にパルチザンに包囲されて降伏し、隊長、領事らが全滅したことをいうのである。降伏した日本軍は、独力でこれを挽回《ばんかい》するため、三月十一日に降伏協定を破って奇襲反撃に出たが、かえって敗れる結果となった。残兵と居留民一二二名は捕虜となったが、その後日本援軍の来襲を知ったパルチザンは、五月二十五日に市中を焼き払い、日本人捕虜を皆殺しにして撤退した》

概略はこのとおりですが、この記述では、ロシア人やシナ人、朝鮮人からなる共産パルチザン（非正規兵）の残虐性は伝わってきません。また、日本人が皆殺しにされたのは日本側が「協定を破って奇襲反撃に出た」からだとか、日本の「援軍が来襲」したからだと読めてしまいます。ところが、実際はそんなものではありませんでした。

たとえば大正九年四月二十日付の「大阪毎日新聞」には、事件を目撃した海軍士官の手記が載っていますが、それを読むと、のちの「通州事件《つうしゅう》」（昭和十二年）に匹敵、あるいはそれを上まわるような残虐事件であったことがわかります。通州事件では、婦女子をふくむ日本人二百三十名がシナ人兵士に虐殺されていますけれども、この尼港事件では婦女子をふくむ七百名以上の日本人が凌辱《りょうじょく》され、虐殺されたのです。

海軍士官の手記にはこうあります。

《公然万衆の面前において暴徒悪漢群がり、同胞（日本人・渡部注）婦人を極端に辱《はず》かしめて獣欲《じゅうよく》を満し、なほ飽く処《ところ》を知らず指を切り、腕を放ち、足を断ち、かくて五体をバラバラに斬りきざむなど言外の屈辱を与へ、残酷なる弄《なぶ》り殺しをなせり。

またはなはだしきに至つては馬匹《ばひつ》二頭を並べ、同胞男女の嫌ひなく両足を彼此の馬鞍に堅く結び付け、馬に一鞭を与うるや、両馬の逸奔すると同時に悲しむべし、同胞は見る見る五体八つ裂きとなり、至悲至惨の最期を遂ぐる……》

共産パルチザンから言語を絶するような蛮行をはたらかれたので、日本人は軍人も役人も民間人も、男も女もみな日本の領事館に逃げ込みます。すると、パルチザンたちは領事館に砲撃を加えてくる。もはやこれまでと、男女を問わず一斉に決起した、というのが真相です。けっして日本側が「協定を破って奇襲反撃に出た」からやられたという話ではありません。

海軍士官の手記はこうつづきます。

《刻一刻味方の減少するのみ、つひには繊弱なる同胞婦人に至るまで、戦死せる犠牲者の小銃、短銃を手にし、弾はかく込むるものぞ、銃はいかに射つものなるぞと教はりつつも戦線に加わり、無念骨髄に徹する敵に対し勇敢なる最後の抵抗を試み、ことごとく壮烈なる戦死を遂ぐ》

松本さんも当然こうした共産パルチザンの蛮行・非道を知っていたはずです。にもかかわらずその実情を描かなかったのは、やはり昭和四十年当時の共産・ソ連や共産・中国に遠慮したからではないでしょうか。私にはどうもそう思えてなりません。

大正末期から昭和初期はデモクラシーの時代だった

本題に戻ります。

陸軍機密費は、こうした事件もあったシベリア出兵のときの使い残しの資金であるとか、あるいは当時のロシア軍がもっていた金塊を奪ったものもふくまれているとか、いろいろ取り沙汰されていました。そしてそのカネの一部を、陸軍の大ボスのひとりであった田中義一大将が政友会総裁になるときの手土産にしたのではないか——といって問題にされたわけですが、結局この話はウヤムヤになってしまいました。

機密費というのはそもそも「機密」なのだから、問題にしてもその全貌《ぜんぼう》は解明しきれません。本質的に、そうした性質をもっています。いったん機密費の範疇《はんちゅう》に入ってしまうと、カネの流れはつかみきれないというのが、機密費が機密費である所以なのです。

松本さんはそれを「日本の悪」としてとらえます。

機密費の流用が事実であり、それがウヤムヤのうちに葬り去られてしまったというなら、もちろんそれはいいことではありません。ただし、つぎのような見方もありうるのではないかというのが私の意見です。

それは、陸軍大将といえども、無理をして三百万円という大金をつくって政党に入らなければ政治を動かせない時代だった、ということです。陸軍の大物だから横車を押せた、あるいは時の政治を左右できたという時代ではなかったのです。

げんに、田中義一とも親しい宇垣一成《うがきかずしげ》が陸軍大臣だった大正十四年、世に「宇垣軍縮」と呼ばれる陸軍の大整理が行われます。全国各地にちらばっていた二十一個師団のうち四個師団（高田、豊橋、岡山、久留米）が廃止されました。いってみれば、軍人の立場はむしろ弱かった時代なのです。だからこそ「ゆくゆくは元帥か」といわれた将軍・田中義一でも、政治を動かそうと思ったら「手土産」までもって政党に入らなければならなかったわけです。

大正末から昭和の初期にかけてはそういう時代でした。これは明らかにデモクラシーの時代というべきでしょう。

アメリカもそういう国です。第二次世界大戦のとき、ノルマンディー上陸作戦を成功させた連合国軍（ヨーロッパ）最高司令官で、「連合国軍最大の英雄」といわれたアイゼンハワーも、戦後アメリカに帰って大統領になろうとしたときは、退役してから一度大学の総長になり、民間人という立場を明らかにしてから立候補しています（一九五三年に第三十四代大統領に就任）。アメリカという国は軍人が支配するわけにはいかないから、連合国軍最大の英雄・アイゼンハワーも共和党に入り、共和党党首という立場で立候補したのです。

このように軍人が政党人になるというのは、軍人のままではその国の政治を支配できないことを示しています。したがって、田中大将が政友会総裁についたこの時代も軍国主義ではなかったと見るのが、むしろ正当な見方だというべきです。

シベリア出兵もいままでは「悪」そのもののように考えられていますけれども、日本の陸軍からしてみれば、なんといってもロシアは日本陸軍の最重要敵国でしたから、シベリア出兵のついでに、そのあたりの守りをしっかりしておきたいという狙いがあったことはたしかです。ただしその出兵も、日本のほうから積極的に乗り出していったのではなく、諸外国から誘われたから出ていったということを忘れてはなりません。

このあたりのいきさつは重要です。この点を考慮しないと、当時の日本の像が歪《ゆが》んで見えてしまうからです。

軍部を憎んだ中野正剛

結局ウヤムヤに終った陸軍機密費問題でしたが、この疑惑を徹底的に衝《つ》いたのが中野正剛《なかのせいごう》です。「朝日新聞」の記者から代議士になった人物で、当時から「剛直な人」といわれていました。議会では徹底的に田中義一を批判しています。

中野正剛の田中弾劾演説はつぎのような調子でした。


《「田中陸軍大臣は（中略）大正九年から十一年に至るまでシベリヤ出兵に無益の莫大の金を浪費し、この機密費のみでも四千万円に達するといわれている。これらの金を湯水の如く浪費して淫蕩遊蕩《いんとうゆうとう》至らざるなく、天下をして陸軍の神聖を疑わしめたのは事実であります（拍手と罵声）。

しかも莫大な金が、その金が紅葉屋《もみじや》銀行、田中銀行等に多額に預けてある。その預金者の名前は田中義一君及び政界に害毒を流したる山梨半造（陸軍次官・渡部注）君……」》

《「田中総裁が政友会に現われて以後、政界の動揺には常に金銭がある。金銭と共に壮士がある。金を使い、壮士を使い、虚偽の宣伝を逞《たくま》しゅうして政界を糜爛《びらん》せんとするは今日政友会の態度であることは何びとも認めておる」》

松本さんが、《早稲田伝統の自由思想に福岡の頭山満《とうやまみつる》派の国士風なものが加わった一種の反抗児であった》と評する中野正剛は、先にふれた尼港事件のときも田中義一陸相を批判し、シベリア出兵にも反対しています。松本さんはこう書いています。

《そのころ軍部が、尼港事件の恨みを晴らすためにはロシヤ人の肉を食わざるべからず、と宣伝したのに対して彼（中野正剛・渡部注）は、
「食うべきはロシヤ人の肉ではなくて責任者たる日本陸軍当局の肉である」
と攻撃した》

彼はこうした陸軍攻撃によって軍部からにらまれますが、ここで私が注目したいのは、軍部に対する中野正剛の「憎悪」です。これは当時の日本にあってはかなり注目すべき現象ではないかと思います。というのもふつうの日本人は、当時はまだ軍部に対して憎悪は

いだいていなかったように思うからです。日清・日露のふたつの戦争に勝ち、また第一次大戦でも勝ち組について日本にものすごい好景気をもたらしてくれたのは日本の陸軍、日本の海軍です。その軍部を憎む、という感覚は日本人にはまだなかったと思うのです。

ところが中野正剛はちがいました。

上の引用からもわかるとおり、日本人が七百名も凌辱されて虐殺された尼港事件についても——悪いのはロシアの共産パルチザンではなく日本の軍部だと、中野正剛はいったのです。当時の日本人が「中野は赤化している」と見たのも当然でしょう。

じっさい、彼はこんな演説もしています。

《「現実のロシヤを政治的に経済的に取扱わずして、空虚な思想論をもってこれを拒むなどということは実に愚かな話である。労農ロシヤと接近すれば日本が赤化するといって反対するのは、朝鮮を通過すると朝鮮人に化せられるというのと同じで、こんな論法でゆけば日本は鎖国の昔に還らねばならぬ。こんな頑迷な思想では話にならない」》

松本さんは演説の主旨が気に入って引用しているようですが、この演説を読むと、中野正剛はやはりロシア（ソ連）にちかかったと思えてなりません。

中野正剛・自殺の謎

『昭和史発掘』によれば、大正十一年の「東方時論」という雑誌に中野正剛とアントノフ、風見章《かざみあきら》の会見記が載っているそうです。アントノフというのは周知のようにモスクワ政府代表として来日した男ですし、風見章は「赤い人」です。

風見は戦前、近衛《このえ》内閣の内閣書記官長をしているとき、新体制実現に努力し、戦後は日中、日ソ国交回復を唱えて国民会議を結成したり、左派社会党に入党したりした人物です。

そういう人たちとつながりのあった中野ですから、当時ソ連との関係があったと見られても仕方がありません。そこで、田中総裁を攻撃された政友会は、「中野正剛はアントノフから十万円受け取った」と反撃に移りました。もっとも松本さんの調査によれば、そういう事実はなく、攻撃材料はどうもデッチあげだったようです。

しかし私には疑念が残ります。というのも、このときはもらっていないとしても、その後ももらっていないということはなかなか考えられないからです。当時のソ連は世界に共産革命を起そうとして、さまざまな指令を発すると同時に、活動資金をふんだんにばらまいていています。日本共産党などは運動費を全部モスクワからもらっていました。立花隆氏の『日本共産党の研究』はこう書いています。

《コミンテルンは、この後も数千円から数万円の資金をポンポン与えている。戦前の日本の共産党活動は、だいたいこのコミンテルンの資金によってファイナンスされていた》（第一章）

日本の体制転覆を狙うコミンテルンは、共産党に「資金をポンポン与えている」のです。そんなカネの一部が、モスクワに好意を寄せる中野正剛のところにいかなかったとはいいきれません。

昭和十八年、東條《とうじょう》内閣のとき、中野正剛は「朝日新聞」に「戦時宰相論」を書いて東条英機《ひでき》を批判したため「朝日新聞」は発禁になりました（一月一日）。そして同年の十月、中野正剛は倒閣容疑で逮捕され、釈放後に自殺しています。

そのため中野の自殺の原因は、東條首相に対する批判とそれに対する弾圧であったかのように伝えられていますけれども、私にはほんとうにそのとおりなのだろうかという疑問が拭《ぬぐ》いきれません。というのも中野の「戦時宰相論」を読み返してみればわかるように、それは筆鋒《ひっぽう》鋭い東條批判ではなく、歴史に範を取りながらやんわりと東條をたしなめている、その程度のものだからです。

《大日本国は上に世界無比なる皇室を戴《いただ》いて居る。忝《かたじ》けないことには、非常時宰相は必ずしも蓋世《がいせい》の英雄たらずともその任務を果し得るのである。否《いな》日本の非常時宰相は仮令《たとえ》英雄の本質を有するも、英雄の盛名を恣《ほしいまま》にしてはならないのである。（中略）虚名を求めず、英雄を気取らず、専《もっぱ》ら君主の為に人材を推挙し、寧《むし》ろ己の盛名を厭《いと》うて、本質的に国家の全責任を担つてゐる。（中略）難局日本の名宰相は絶対に強くなければならぬ。強からんが為には、誠忠に謹慎に廉潔に、而《しか》して気宇広大でなければならぬ》

この程度の寄稿が原因で自殺に追い込まれるものでしょうか。

そこで、じつは中野にはバラされると困るようなカネの問題があって、それで自殺したのだ――という「説」があります。当然そのカネはモスクワ寄り、ということになるわけですが、私にはどうもその「説」のほうが正しそうに見えるのです。

『昭和史発掘』は中野正剛の自殺にはふれていませんけれども、この問題はぜひ松本さんに取りあげてもらいたいものでした。しかし松本さんは中野正剛の自殺の謎に挑もうとはしませんでした。謎を解こうとしたら、どうしてもソ連系統のカネの問題に分け入らなければなりませんから、松本さんとしてはどうもそこが気が進まなかった、ということでしよう。

ちなみに戦後、中野正剛は「反骨の士」とされ、きわめて評判がいいようです。それはおそらく「東條嫌い」で、「戦前の日本はすべて悪だった」とする左翼の人たちが彼を守り立てたからだろうと思います。

第2章 石田検事の怪死

【謀殺】疑獄事件を担当していた検事が謎の死を遂げた。いったい自殺だったのか謀殺だったのか――。

この検事が担当していた松島遊廓《ゆうかく》事件や陸軍機密費問題（ともに大正十五年）のほか、戦前も疑獄事件は起っている。シーメンス事件（大正三年）、帝人事件（昭和九年）などなど。

そうした疑獄事件をめぐっては、ときおり謎の死が起っている。戦後を例にとればロッキード事件（同五十一年）しかり、ダグラス・グラマン事件（同五十四年）しかり。そのたびに登場するのが「陰謀説」である。時の権力はみずからに都合の悪い人物を消す――というのが謀略説の常套《じょうとう》だ。そういうケースもあるだろうが、単に「反権力」思想にもとづく思い込みにすぎない場合もある。

石田検事怪死事件

陸軍機密費問題を担当し、さらには次章で述べる朴烈《ぼくれつ》の大逆《たいぎゃく》事件の取調べにあたり、そのうえ政界を揺るがした松島遊廓事件の捜査を引き受けていた検事の不透明な死――それが「石田検事の怪死」のテーマです。

簡単に事件の輪郭を記しておきます。

大正十五年（一九二六年）十月三十日の未明、東海道線の大森〜蒲田間《かまた》の線路内の小川で、男の死体が発見されました。これが「東京地方裁判所検事局次席検事・石田基《もとい》」でした。死体にはこれといった外傷はなかったので、いったんは「事故死」と片づけられますが、しかし石田検事は上に述べたような重要事件の取調べにあたっていたキー・パーソンです。何かウラがあるのではないか——と見られました。

げんに当時の新聞も、

①列車に接触しての事故死

②飛び降り自殺

③他殺

三つの可能性に言及し、検事仲間も彼には自殺する理由がないところから「他殺」に絞って隠密捜査を開始しています。しかし真相はついに解明されることはありませんでした……。

その謎に松本さんが挑んだのが「石田検事の怪死」です。

＊

石田検事の取調べは峻烈《しゅんれつ》で、いっさいの妥協を許さず、「鬼検事」と呼ばれていたといわれます。上司が捜査の手をゆるめようとしても自分ひとりで取調べをつづける、そんな人でした。したがって彼のもとには各方面からさまざまな圧力がかかっていたともいわれています。

陸軍機密費問題は前述したように、たんに政友会総裁・田中義一だけではなく陸軍の恥部にもふれるテーマでしたし、松島遊廓事件では与党・憲政会のみならず、当時の若槻礼次郎《わかつきれいじろう》首相の名も取り沙汰されていました（大正十五年、加藤内閣から若槻内閣にかわる）。

松島遊廓事件については松本さんが簡潔に要約しているので、それを引きます。

《松島遊廓問題というのは簡単にいうと、当時大阪の松島遊廓が市内の発展とともに中心地になってきたので、そのような場所に遊廓があるのは風紀上おもしろくない。これを他の場所に移転せしめるという議がおこり、その候補地として二、三の土地がえらばれた。遊廓が移転すれば、その土地が三業地として発展するので地価が暴騰する。遊廓の誘致をめぐって激烈な競争が演じられたが、ある土地会社が政党方面に運動を働きかけ、与党憲政会の総務箕浦勝人《みのうらかつんど》と野党政友会の幹事長岩崎勲《いわさきいさお》に決定の斡旋《あっせん》を頼み金銭を贈った。これが収賄罪に問われたのである。これには若槻首相の名前まで出て政友会の攻撃が集中されていた》

いわば石田検事は、軍部だけでなく憲政会、政友会まで相手にして、厳しい姿勢で事件解明にあたっていたのです。この三本のセンのどこから圧力がかかっても不思議はない。それが「怪死」直前の石田検事の立場でした。

死の謎を追って

松本さんには『日本の黒い霧』（文春文庫）という力作があります。そのなかに有名な「下山《しもやま》国鉄総裁謀殺論」が収められていますが、あの「下山事件」に迫ったのとおなじような執念で、石田検事の怪死にもメスを入れていきます。

ちなみに下山事件というのは、昭和二十四年七月五日の朝、当時国鉄（現・JR）の総裁だった下山定則《しもやまさだのり》が三越本店（東京・日本橋）に入ったところで行方不明となり、翌日、常磐線の北千住～綾瀬間の線路内で轢死体《れきしたい》となって発見された事件です。当時の国鉄は万単位の大量な人員整理を前に、激しい労働争議が行われていましたが、そんななかで起った下山総裁の「怪死」について松本さんは――勢力を伸張してきた進歩派勢力をつぶすためにGHQ（連合国軍総司令部）が仕組んだ謀略であると結論づけたのです。

この石田検事の一件でも松本さんはさまざまな資料にあたり、かつての関係者たちの証言を集め、事件の謎に迫ります。逐一それを記す余裕はありませんが、その一端を紹介すれば――石田検事の死を「事故死」と断定したのは上司の検事正でしたが、彼はなぜ検視も十分に行われていない時点で「過失死」と発表したのか。しかも、遺体は解剖に付されることもなく、ただちに火葬場に送られている……。

《石田検事の死で、田中、山梨両大将に関わる軍事機密費事件は、雲散霧消してしまったところをみると、それを目的に誰かが石田検事を罠にかけて殺害し、現場に死体を遺棄したのではないかという疑問はいつまでも残る》

死体で発見される前夜、東京・日比谷の料理屋で仲間の送別会がひらかれ、石田検事がそこで飲んでいると電話に呼び出されます。そして「用事ができたから」といって席を立った。電話を取りついだ女中によると、相手は女性の声だったといいますが、石田夫人は電話をかけていないといいます。ではいったい、その女は何者なのか。

また、石田検事が死んでいたのは大森～蒲田間でした。検事の自宅は市ヶ谷なのに、どうして方向ちがいの場所にいたのか。「鬼検事」でも、こっそりと大森近辺に愛妾《あいしょう》を囲っていたというのだろうか……。

さまざまな疑問が浮かびあがるなか、死の前後に検事あてに何通か脅迫状が舞いこんでいたことが判明します。たとえば、こんな脅迫状です。

《葉書の表面は「石田基家族へ」とあり、裏面に「人間を常に苦しめつつありし汝等《なんじら》が主人はわが同志が抹殺す。子孫等は検事となるな」という記載》

石田検事は明らかに狙われていたようです。とすれば、死体発見現場で殺されたのではないかもしれない。帰宅しようとしたところ、何者かによって柔道の当身《あてみ》をくらわされ、どこかに連れ去られて、そこで殺害されたのかもしれない。何通か届いた脅迫状のなかには《用心しろ。わが輩の当身はこれからだ》という文字もあったといいます。しかも、石田検事の自宅附近は道が入り組んでいるので、《待ち伏せ場所としては最適である》。

では、どの筋から狙われたのか。

検事仲間の隠密捜査によって、まず大物右翼の影が浮かびます。彼は石田検事の自宅裏手に家を借りていたし、その運転手の行動も怪しい……。

もう一本のセンも見えてきます。院外団（ロビイスト）と関係のある、いわば政治ゴロでした。彼は田中義一とも親しい政治家につながり、さらには石田検事の自宅ちかくにあった右翼団体の本部（柔道場も兼ねる）とも関係をもっていました。

――結局、検事仲間の調査も真犯人を割り出すまでにはいたりませんでしたが、こんな報告書をまとめていたといいます。

《諸般ノ情況ヲ綜合考慮《そうごう》スルニ、村井（上記の政治ゴロです・渡部注）ハ直願事件及ビ陸軍機密費事件ニ対スル捜査ノ進展ヲ恐ルルノ余リ、石田検事ノ存在ヲ以テ政友会組閣ノ一大障害ナリトシ、遂《つい》ニ石田検事殺害ヲ決行シタルモノニアラザルカ》

このあたりの記述はいかにも松本清張氏らしいところです。推理小説的な要素がふんだんに盛り込まれていますので、それを楽しめばいいと思います。

政治の闇について

結論をいえば、松本さんはこう書いています。

《この暗殺実行班を指揮した首領と目される「最も嫌疑濃厚なる人物」は、現在（『昭和史発掘』刊行時・渡部注）もまだ東京の近くの土地にまったく変った姿で生きている。また、この暗殺実行班に資金を出した人物も現存している》

《石田検事を殺したのは徹頭徹尾「政治」であった。この点、個人的にはなんの遺恨もうけていなかった下山国鉄総裁の場合とまったく同じである。私は、下山事件は、石田基検事の殺害方法が一つの教科書《テキスト》になっているのではないかとさえ思いたくなる》

このあたり、いかにも社会派らしいまとめ方です。

たしかに「政治」には奥深い闇《やみ》の部分があります。その後の「ロッキード事件」や「ダグラス・グラマン事件」でも見られたように、政界の事件をめぐっては自殺や怪死が頻発しています。

しかし「政治」というとき、それをたんに「時の与党」「時の政治権力」と考えてはいけません。「政治と暴力」をめぐっては、日本共産党でも元議長・宮本顕治によるリンチ殺人事件が起きています（昭和八年）。また連合赤軍が大量のリンチ殺害を行っていたこと（昭和四十七年）も周知のとおりです。政治の場は、左翼の側もつねに秘められた暗部をかかえているのです。

右に対してであれ、左に対してであれ、物事は偏見なく公平に見つめなくてはなりません。

第3章

朴烈大逆事件

【国家】日本を呪《のろ》い、天皇を憎み、国家転覆を図る思想は、天皇が現人神《あらひとがみ》とされた戦前にもあった。幸《こう》徳秋水《とくしゅうすい》の大逆事件（明治四十三年）以降、虎ノ門事件、朴烈事件（ともに大正十二年）とつづく。共産党も「天皇制打倒」の旗を掲げていた。彼らが信奉していたのはコミュニズムないしアナーキズムであったが、しかし彼ら過激派の数はけっして多くはなかった。

国を憎む思想が蔓延《まんえん》するようになったのは、むしろ戦後である。「反日勢力」は着々と地歩を築いた。進歩的文化人、左派マスコミ、日教組などが「反国家」のアジテーターとなった。ソ連が解体した（平成三年）いまも、その力は衰えていない。

朝鮮人・朴烈が計画した大逆事件は、いわばその遠い序曲であった。

怪写真騒ぎ

朴烈の大逆事件については、私も昔ちょっと聞いたことがありました。しかしこれもあまりはっきり伝えられてこなかった事件ですから、ここで松本さんが詳しく書いてくれたことは大変ありがたいと思っています。私は非常な興味をもって読みました。

朴烈事件というのは——関東大震災（大正十二年九月一日）後の混乱期に検挙された無政府主義者の朝鮮人・朴烈と内妻の金子文子《かねこふみこ》が、当時の摂政宮《せっしょうのみや》（のちの昭和天皇）を爆殺する計画をもっていたという嫌疑で起訴された事件です。

天皇以下の皇族に危害を加えようとした大逆事件は、これ以前に二件起っています。

●明治四十三年（一九一〇年）の「幸徳事件」＝天皇に爆裂弾を投げつける計画があったとして幸徳秋水以下、十二人が死刑になった。

●大正十二年（一九二三年）の「虎ノ門事件」＝難波大助《なんばだいすけ》が摂政宮にステッキ銃を発射。

そして、この朴烈事件のあとは——、

●昭和七年（一九三二年）の「桜田門事件」＝朝鮮人・李奉昌《りほうしょう》が昭和天皇に手榴弾《しゅりゅうだん》を投げつけた。

そんな事件が起きています。

そうした事件のなかでもこの朴烈事件が異色なのは、判事が取調室で朴烈と内妻の金子文子をいっしょに会わせ、しかもそのときの写真が外部に洩《も》れたために大騒ぎになった、という点です。たしかに予審の取調べ中、被告の朴烈とその内妻が抱き合っている写真が外に流れるというのは異常な事態というべきです。当時のジャーナリズムが騒ぎ出したのも無理からぬ話です。

では、それはどんな写真だったのか。

予審の取調室の椅子《いす》に朴烈が腰をおろしている。その膝《ひざ》の上に、金子文子が本をもって坐っている。朴烈の右手は机の上に肘《ひじ》をおいて頬《ほお》づえをついているが、左手は文子の肩のほうから胸にまわして、ちょうど彼女の乳房を軽く押さえているように見える……。

そんな写真が外部に洩れたのです。摂政宮を爆殺しようとした不届きな被疑者になぜそんな待遇をするのか、という非難の声があがったのは当然です。

それにはしかし、当時の事情もあったようです。戦前の刑事訴訟法では、重大事件については予審制度があって、本裁判の前にあらかじめ判事が取調べを行うことになっていたのです。その取調べ結果が証拠として公判廷に提出されます。したがって、判事としてはなんとしてでも被告に自白をさせなくてはいけない。ところが朴烈は無政府主義の闘士でしたから、なかなか口を割らない。そこで彼らを担当した判事もおだてたりすかしたりして尋問調書をつくっていたわけです。そのプロセスでこんなサービスまでしてしまった――というのが、どうも真相のようです。

国家を呪う朴烈の思想

そんな怪写真が流れたからセンセーショナルな騒ぎになりましたけれども、この事件で写真はたいして重要ではありません。注目すべきはやはり、朴烈が何をいっているかということです。

朴烈はなぜ摂政宮を狙ったのか。彼は三つのことをいっています。

第一は、日本の民衆にとって皇室は、彼らの膏血《こうけつ》（苦労して得た資産）をしぼる権力のシンボルであり、さらにいえば神聖視されているけれども、その実体は幽霊でしかないということを知らせたかったということ。

第二は、朝鮮民族にとって日本の皇室は憎悪の的であるから、これを倒して朝鮮民衆に革命的・独立的熱情を刺激すること。

第三は、沈滞しているように見える日本の社会主義者にハッパをかけること。

こうした三つの狙いがあったと、朴烈はいっています。一九一〇年（明治四十三年）の韓国併合で「祖国を奪われた」と感じているコリア人なら、いかにもありうる民族的な感情だと思います。私にもわからない話ではありません。

ところが朴烈の思想は民族的な感情というより、もっと先を行っています。この章の冒頭に「無政府主義者・朴烈」と記しましたけれども、まさに彼の思想はアナーキズムでした。彼は大審院《だいしんいん》の公判準備手続のやりとりのなかでこう語っています。

《「地球をきれいに掃除すること。その第一歩として国家、ことに自分の関係深い日本帝国を倒すことである。地球を掃除したならば、なんにも無くなる。が、できるなら地球をも壊したい考えをもっている。もっと言えば、すべてのものの上にはたらいているところの力、すなわち、真理とか、神とか、仏とか、そういうものに対し根本的に反逆するのだ」》

国家などないほうがいい。できることなら地球をも壊してしまいたい。神も仏も真理も要《い》らない……。

こうした考えはいまの左翼の思想にもそっくりそのまま流れています。夫婦別姓やジェンダー・フリーを叫んで家族解体をはかる。あるいは外国人参政権を唱えて国内に反日勢力を呼び込もうとする。社会の規範を揺るがして、究極的には国家など無くしてしまおうという過激な思想です。

朴烈はその先駆けとなるような思想の持ち主でした。

したがって当時であればなおさら、こういう思想をもった人間がいれば不敬罪や治安維持法で捕まっても仕方がない。死刑になっても不思議ではありません。

じっさい、朴烈と金子文子は大正十五年三月二十五日、大審院で「死刑」の判決を受けました（ただしその十日後、特赦を受けて無期懲役になった）。

天皇打倒を指令した「二七年テーゼ」

朴烈が示した皇室に対する考え方、これは当時の日本共産党というより、コリア系の共産党員に強かった思想です。それに付け加えれば、一部の部落解放運動家にあった思想だといえます。

そのことは共産党の歴史を少しひもといてみればわかります。

日本共産党がコミンテルンから指令と資金を受けていたことは前述したとおりですが、日本共産党が結成されて間もない一九二七年（昭和二年）、モスクワのコミンテルンからいわゆる「二七年テーゼ」がとどきます。そこにははっきりと「天皇制の廃止」がうたわれていました。

《天皇は大土地所有者であるだけではなく、多くの株式会社および企業連合の極めて富裕な株主である。最後に、天皇はまた、資本金一億円の彼自身の銀行を持っている。
天皇制の廃止。
天皇、地主、政府および寺社の領地の没収》

日本の実情を無視した、こうしたきわめて攻撃的なテーゼが送られてくると、初期の大物党員たちは共産党を抜けていきました。それはそうでしょう。ロシア革命のとき、レーニン以下の共産党員は、ロマノフ王朝の皇族全員、さらには皇帝の乗っていた愛馬まで殺したのです。そんなことを日本で天皇および皇族に対してやれというのか、これではとても付き合いかねる——ということで、大物党員たちはしだいに共産党から去っていったのです。

荒畑寒村《あらはたかんそん》、堺利彦《さかいとしひこ》、山川均《やまかわひとし》などが、その代表的な人物です。

それでも共産党を離れなかったのは、よほど日本に恨みのある人か、あるいは日本人ならだれもがもっている皇室に対する自然な親近感、それをもっていなかったような人たちです。

たとえば宮本顕治。彼はコミンテルンに従うのが正しいと思い込んでいました。

のちに日本共産党の書記長を務めた徳田球一《とくだきゅういち》もそんな人です。彼は沖縄県人です。沖縄は長いあいだ日本とシナ両国の支配下にありました（両属制度）から、当時の沖縄の人の中には本土人ほどには皇室に対して自然な親近感をいだいていなかった人がいたのかもしれません。

もちろんコリア系の共産党員は全員、皇室を憎んでも不思議ではありませんでした。それから一部の部落解放系の人もそうだったと思います。しかし、「皇室憎し」のいちばんの中心はコリア系だったと考えて間違いはありません。

その代表例が朴烈です。

金子文子の「悲惨な境遇」と朴烈の「その後」

金子文子は日本人ですが、これ以上悲惨な境涯はないというくらいみじめな育ち方をしていますから、これも社会を恨むようになっても仕方がないと思えるような人でした。『昭和史発掘』に沿って彼女の生い立ちを追ってみると、こんなふうになります。

幼いころ、父親は妻の妹（文子にとっては叔母）と関係ができて家を出ます。すると、母親も男をつくって同棲《どうせい》するようになり、文子を虐待した。しかも両親が文子の戸籍をつくっていなかったため、文子は学齢に達しても小学校にあがることができなかったといいます。そんなことにはおかまいなく、母親はまた新しい男をつくり、さらに別の男と結婚する。そこで文子は、朝鮮に住む父の妹（叔母）のところへ引き取られますが、そこでもひどいあつかいを受け、やっとの思いで日本に戻ると、今度は父親が母の弟（つまり叔父）に文子をあてがい、その叔父に処女を奪われたあげく捨てられた……というのです。

このあたりのことを文子はこう書いています。

《私はかつては母に売られんとし、再び父に売られて、叔父に捨てられ、住む家も無く、大正九年、私の十七歳のとき、古鞄一つ抱えて単独に上京して苦学をはじめました……》

そんなときに朴烈と知り合い、無政府主義的な思想を育《はぐく》んでいったのです。母を憎み、父を呪い、世を敵視するようになった文子は取調べに対してつぎのように答えています。

《「権力者はぬくぬくと自己の権力を擁護して弱者を虐《しいた》げる以上、そして私の過去の生活がすべての権力から踏みにじられてきたものである以上、私はすべての権力を否認し、反逆して、自分はもとより、人類の絶滅を期して、その運動を図っていたのであります」》

文子を虐待したのはろくでもない近親者なのに、その怨念《おんねん》がイデオロギーによって皇室に向けられたことこそ、注目すべき事実です。彼らにとって「権力の象徴」が皇室でした。そこで朴烈と金子文子は摂政宮を殺そうと爆弾の入手を画策しました。

当時の無政府主義者がどれくらい皇室を敵視していたか、それは先に記した「虎ノ門事件」の犯人・難波大助の文章からもわかります。彼は山口県の大地主の息子で、父親は代議士でしたが、犯行の前日にはこんな「歌」を残しています。

《神秘と虚偽で固めたる、呪《のろ》ひの日本帝国よ、人の屑《くず》なる天皇を、物の見事にぶち殺し、赤旗高く宮城に、掲げる時は来りけり》（犯行声明より）

彼もまた無政府主義的な共産主義者だったというべきでしょう。

当時の刑法によれば、皇室に対して危害を加える者は、たとえそれが予備行為であっても「死刑に処す」とあります。

《天皇、太皇太后、皇太后、皇后、皇太子又ハ皇太孫ニ対シ危害ヲ加ヘ又ハ加ヘントシタル者ハ死

朴烈公判

刑ニ処ス》（旧刑法第七十三条）

当然、朴烈と金子文子も死刑を宣告されました。

ところが前述したように判決から十日後の四月五日、特赦を受けて「無期懲役」になっています。これは異例のことでした。というのも幸徳事件では判決の十日後に死刑が執行され、虎ノ門事件では判決翌日に死刑執行されているからです。なぜ朴烈と金子文子は特別待遇を受けるのかと、右翼筋が糾弾をはじめます。さらに冒頭に述べたような怪写真が外部に洩れたものだから、騒ぎはいっそう大きくなりました。

そんななか、特赦から四か月後に、金子文子は宇都宮刑務所栃木女囚支所で首を吊って自殺してしまいます。遺書はありませんでした。

一方の朴烈は千葉刑務所から大阪刑務所、秋田刑務所と移され、昭和二十年十月、GHQの「解放令」によって出所しました。そして「民族解放の英雄」として、当時結成されたばかりの韓国居留民団の団長に祭りあげられます。しかし長いあいだの獄中生活のせいで、朴烈は四十四歳にもかかわらず五十歳半ばすぎの《老人に近い人》になっていたといいます。

《その後の朴烈は南朝鮮（韓国・渡部注）に渡り、李承晩《りしょうばん》政権のもとで働いていたが、朝鮮戦争のころに北へ入り、現在では北朝鮮で相当な地位についているといわれている》

松本さんはそう書いていますが、武装共産党時代の委員長で、のちに転向した田中清玄《たなかせいげん》氏は獄中で朴烈といっしょだったようで、『田中清玄自伝』（文藝春秋）のなかでこう語っています。

《彼は李承晩大統領と合わなかった。というのは李承晩は親米派だったが、朴烈君はほんらいアジア主義者なんです。（中略）

こう言って（北朝鮮へ行って南北統一につとめたいといって・渡部注）私のところへ相談にきた。それで僕は、

「あんたの主張はその通りだが、北へ行くのは止めた方がいい。共産主義なんてそんな甘いもんじゃない。行ったら君は殺されるぞ。もっと時期を見てやったらいい」

そう言って忠告したのだが、憂国の情やみがたしというのだろうか。「殺されても私はやります」。そう言って彼は祖国へ帰っていった。案の定、スパイだということで彼は殺されてしまった。可哀そうなことをしてしまったと思います。もちろんスパイなん

かじゃまったくありませんよ》（第一章）

スパイ容疑で殺されたという田中氏の情報のほうが正確だろうと思います。

過去を見る目

ところで、なぜ朴烈と金子文子は特赦を受けられたのか。

その点をめぐって松本さんは、この大逆事件が《でっち上げ》だったから、と読めるような記述をしています。

朴烈と金子文子が捕まったのが関東大震災のときに起った朝鮮人虐殺事件の直後であったことに注意しなければいけない、と書きながら、松本さんはこうつづけます。

《在日各国大使たちも連名で日本政府に対し、朝鮮人虐殺に関して抗議した。政府はこの非難の対策に腐心したが、それには在日朝鮮人が悪辣《あくらつ》であることを宣伝するのが最も適切有効だと考えるようになった》

そこでスケープゴートとして朴烈が逮捕されたというのです。在日朝鮮人は「摂政宮爆殺」を計画するほど「悪辣である」、その例証にされたのだというわけです。したがって爆殺計画は濡《ぬ》れ衣《ぎぬ》であったにちがいないと、松本さんは推理します。だから死刑にはしなかったのだ……と。

この大逆事件はほんとうに濡れ衣だったのでしょうか。前に引いた朴烈や金子文子の思想を見るかぎり、彼らが摂政宮の爆殺を計画していたことはデッチあげではなさそうに思えます。げんに彼らは朝鮮の妓生《キーセン》を通じて、向こうの革命運動家から爆弾を入手しようと画策しています。それはたしかな事実なのですから、松本さんのように《でっち上げ》だったとするのは、朴烈ら、運動家への肩入れのしすぎのように思えます。

むしろ私が注目したいのは、当時の日本の温和さです。前述したように旧刑法は、たとえそれが予備行為でも、皇室に対する犯罪者は死刑にできたわけです。しかし結局は特赦を与えて死刑にはしませんでした。そのうえ、調書を取るためとはいえ取調室では内妻といっしょにさせています。これはやはり、当時の日本がかなり成熟していたことの証しではないでしょうか。

そんなことは外国では考えられません。

ソ連でスターリンに、あるいはドイツでヒトラーに、イタリアでムッソリーニに爆弾を投げつけようとした犯人がいた場合、朴烈のようなあつかいをされたでしょうか。答えは明らかに「NO」です。裁判もへったくれもなかったはずです。

一例をあげれば、一九四四年、ヒトラー暗殺未遂事件が起ったとき、首謀者たちは裁判を受けるどころか——、

《細いピアノ線で首を吊られ、ゆっくり時間をかけて絞め殺されたのである。しかもその一部始終がナチのカメラマンによって映画に記録された。ヒトラーはほとんど徹夜でこの恐るべき映画を鑑賞した。ありとあらゆるシーンを心ゆくまで味わうために、何度もくり返してフィルムを映写させた》（ルイス・スナイダー『アドルフ・ヒトラー』永井淳訳、角川文庫）

戦前のことであれ何であれ、歴史上の事件や事象を考えるときは、つねに同時代の諸外国のことを考えあわせ、それと比較・対照しながら物事を見ていかなければいけないと、私は考えています。現代の常識を「過去」に当てはめるだけでは「暗い時代だった」とか「日本は後れていた」というだけになってしまいます。そこからは、時代の真実は見えてきません。

最後に付け加えておきたいのは、関東大震災のときに殺された朝鮮人の数です。松本さ

んは、

《事件後、日本政府では数千名という大ざっぱな数字を発表したが、在日朝鮮人による調査では、官憲の妨害のため不十分な調べとしても、概略六千六百余名が殺されたであろうと推測している》

と書いています。しかし私のもっている当時の警察の発表によると——その一割、六百人ぐらいだったようです。しかもそれは震災による「死者」でした。コリア人が大勢殺されたという江東地区は、日本人も何万人もその時死んだところです。したがって、「虐殺によって死んだ」コリア人は、この六百人のうちの何パーセントか、〇コンマ何パーセントだったのではないでしょうか。このあたりのことは非常に誇張報道されているようなので、もっと正確な数字をつかむことが必要だと思います。

第4章 芥川龍之介の死など

【作家の死】 昭和二年の芥川龍之介の自殺は、戦後の三島由紀夫の自殺（同四十五年）に匹敵する衝撃を世間に与えた。

ラジオ放送の開始と雑誌「キング」の創刊が大正十四年、国産トーキー映画第一号が昭和二年。昭和初期はまだまだ娯楽の少ない時代であった。それゆえ、いまとちがって小説はよく読まれた。大正十五年に売り出された改造社版『円本全集』（一冊一円の文学全集）はたちまち二十六万部の予約を獲得している。作家は文化の中心にいたのである。時の新進作家・芥川の自殺が大きな反響を呼んだのも当然であろう。

作家の自殺はこのあともつづく。太宰治（同二十三年）、川端康成（同四十七年）……。それぞれに時代相を映しているように見える。

「ぼんやりした不安」とは何か

作家・芥川龍之介の死をめぐる『昭和史発掘』の記述はとても詳しく、コメントを加える余地はあまりありません。芥川の死に関してこれほど詳細な記述は読んだことがないので、とても参考になりました。したがってこの章に関しては、たんなる私の感想になってしまいそうです。

芥川が自殺したのは、昭和二年（一九二七年）七月二十四日の朝のことでした。東京・田端の自宅で劇薬ベロナールおよびジェアールなどを多量に服用したのです。三十六歳でした。

夏目漱石に激賞された売れっ子作家の自殺でしたから、当然センセーショナルにあつかわれました。しかも、遺書ともいうべき「或《ある》旧友へ送る手紙」には、自殺の動機として「ぼんやりした不安」という謎めいた言葉が記されていたからなおさらでした。

《自殺者は大抵レニエ（フランスの作家・渡部注）の描いたやうに何の為に自殺するかを知らないであらう。それは我々の行為するやうに複雑な動機を含んでゐる。が、少くとも僕の場合は唯ぼんやりした不安である。何か僕の将来に対する唯ぼんやりした不安である》

この「ぼんやりした不安」は当時の流行語にもなったほどですが、ではその「不安」とは何なのか。これについては諸説紛々として決め手がありません。松本さんも、①発狂に

芥川龍之介

対する恐怖、②多病による疲れ、③文学上のいきづまり、④女性問題……と、いろいろな説をあげるのみです。

これを簡単に紹介しておけば、「発狂に対する恐怖」というのは、芥川の実母が精神障害者だったので自分もいつか発病するのではないか、という恐れでした。

二番目の「多病」というのは、強度の神経衰弱、胃アトニー、痔疾《じしつ》、不眠症などが重なっていたことをさします。芥川自身、作家の滝井孝作《たきいこうさく》にあててこんな葉書を出しています。

《僕は多事、多病、多憂で弱つてゐる。書くに足るものは中々《なかなか》書けず。書けるものは書くに足らず》（大正十五年十二月付）

そこへ妻の弟の喀血《かっけつ》や、自分が仲人をした夫婦の離婚問題、さらには姉の夫の鉄道自殺などが重なり、ますます衰弱していったというのです。

つぎの「文学上のいきづまり」とは、彼の作品は日本の古典や中国古典、あるいは外国の小説などを下敷きにしたものが多く、いつしか「ネタ切れ」に陥ってしまったという説です。彼独特の凝《こ》った文章もだんだんと負担になってくる……。

しかし私が面白く読んだのは最後の「女性問題」でした。松本さんはじつに克明にこの問題を追っています。

女性遍歴をできる時代のどこが「暗黒」か

芥川が自殺した昭和二年という年は「暗かった」といわれます。松本さんもこう書いています。

《昭和二年は不況の絶頂で、政府は失業者五十万と発表したが、潜在失業者を含めて三百五十万というのが今日の常識になっている》

ところが『昭和史発掘』に描かれる芥川の生き方、とりわけ女性関係を見ていますと、とてもそうは思えません。

大学生のときにいっしょに東京・谷中《やなか》を散歩するような初恋の女性ができたのを皮切りに、彼の前にはつぎつぎと女性が姿をあらわします。そして新進作家になったとき、ひとりの女学生と知り合い、彼女と結婚します（妻・文子）。

ところがその三年後、「十日会」という芸術家の集まりで「H」という人妻に惹《ひ》かれると、たちまち深い関係になります。H女は歌人と称していましたが、実際は文士のような有名人が大好きな人妻だったようです。夫は劇場の電気技師。

そのころ芥川は二十八歳で、H女は二十四、五歳。松本さんはこう書きます。

《小づくりの身体つきで、年より若く見え、小ぢんまりした顔の中に上唇が出た口つきが一種魅惑的であったと、彼女を知っている広津和郎《ひろつかずお》は書いている。芥川は広津の肩を叩いて、その女のほうを陰で指し、「おい、ぼくに紹介してくれ」と頼んだ。目を惹く女だったのだ。（中略）

H女は、一口に言うと、文士のような人種が好きだったらしい。彼女は、自分に好感を見せる男性には、忽《たちま》ち魅惑的な態度で誘い込む術を心得ていた。それだけでなく、自分からこれはと思う男に積極的に近づき、冒険を試みようとする女であった》

じっさいH女は、芥川のほかにも新進作家や作家仲間の宇野浩二《うのこうじ》とも関係があり、また広津和郎に誘いをかけてきたこともあるようです。それを知って芥川はこう書いています。

《わたしは第三者と一人の女を共有することに不平を持たない。しかしそれは第三者と全然見ず知らずの間がらであるか、或《あるい》は極く疎遠の間がらであるか、どちらかであることを条件としてゐる》（「侏儒《しゅじゅ》の言葉」）

しかしH女は芥川の親しい作家たちとどんどん関係をもつのです。芥川の神経を逆撫《さかな》でするような所業に出ます。それを知った芥川は、彼女から逃げ出そうとします。ところが彼女は離れません。「子供ができた」といっては脅したり、彼が逃げ出しても執拗《しつよう》に追いまわしてきます。

《H女は執拗に彼を追い回してくる。（中略）芥川は、この女を軽蔑し、憎み、愛し、憎悪して、ときには衝動的に絞め殺したくなるのである。子供の問題（真偽は分らない）も絡んでいることである。

芥川の神経と肉体とは、H女との交渉から急激に衰弱し、創作活動も次第に衰退してゆくのである》

そんななかでも芥川は娼婦を買い、さらには銀行家の妻でアイルランド文学の翻訳家・松村みね子に恋をします。そして、妻から彼女の幼な友だちのM女を紹介されると、今度は彼女との情死を考え、一度は承知させるのですが、ぎりぎりのところで逃げられてしまいます……。

さて、こうした女性遍歴のできる時代のどこが「暗黒」でしょう。

人妻と交際したり、商売女を漁《あさ》ったり、銀行家の妻に思いを寄せたり、妻の幼な友だちと情死を考える……。そんなことのできる時代が暗黒時代であるはずがありません。

たしかに旧刑法のもとでは姦通罪がありました。

《有夫ノ婦姦通シタル者ハ三月以上二年以下ノ重禁錮、拾円以上四拾円以下ノ罰金ニ処ス、相姦スル者モ亦《また》同シ》（第百八十三条）

げんに、詩人の北原白秋《きたはらはくしゅう》は愛人の夫から訴えられ、逮捕されています（明治四十五年）。それを知っている芥川がH女の夫から告訴されることを極度に恐れていたという話もありますが、それにしても白秋のように人妻と密通したり、あるいは作家・有島武郎《ありしまたけお》が「婦人公論」の記者で人妻の波多野秋子《はたのあきこ》と心中事件を起す（大正十二年）、そんな時代のどこが「暗黒」でしょう。

銀行家の妻でアイルランド文学の翻訳家・松村みね子に対する芥川の恋も、舞台は夏の軽井沢です。芥川は文人宿の「つるや旅館」に泊まり、松村みね子はハイカラな「万平ホテル」住まいです。そこで芥川はしばしばコーヒーを飲みながらみね子と歓談し、甘い詩をつくっているのです。

私からいわせれば、そんなことができる時代は「暗黒」でも「軍国主義」でもあるはずがありません。極論すれば、かなり呑気《のんき》な時代だったと思います。たしかに昭和二年は不況でしたけれども、しかし社会一般の空気は非常に自由でした。そうでなければ、「エログロ・ナンセンス」などという言葉が流行するはずもありません。

芥川の「感覚」と清張氏の「推理」

もうひとつ、松本さんの記述を読んで興味をもったのは、やはり芥川の鋭い感覚です。先に、実母が狂人だったので彼には自分もいつか発狂するのではないかという恐れがあった、という説を紹介しましたが、それともつながる話です。

芥川には「歯車」という有名な小説があります。そこには「目の中で歯車がまわる」という記述があります。ちょっと読んでみましょう。

《そこを歩いてゐるうちにふと松林を思ひ出した。のみならず僕の視野のうちに妙なものを見つけ出した。妙なものを？——と云ふのは絶えずまはつてゐる半透明の歯車だつた。僕はかう云ふ経験を前にも何度か持ち合せてゐた。歯車は次第に数を殖やし、半ば僕の視野を塞《ふさ》いでしまふ、が、それも長いことではない、暫《しば》らくの後には消え失せる代りに今度は頭痛を感じはじめる、——それはいつも同じことだつた》

松本さんによれば——眼科の専門医はこれを読んで、「さすが芥川さんだ」と驚いたそうです。というのも、芥川の症状は眼科の奇病「閃輝暗点《せんきあんてん》」の発作《ほっさ》そのもので、しかもその記述は眼科の教科書の記載とそっくりだったからです。さすがに天才作家、みずからの症状を非常に的確に描いていると、眼科医は驚嘆したというのです。

当時の眼科の教科書に、「閃輝暗点」の症状はこう記されています。

《両眼視野に閃輝性の暗点の現われるものである。すなわち軽度の頭痛を前駆することもあるが、多くの場合には突然注視点附近に暗点が現われて、その縁は鋸歯状《きょしじょう》でキラキラ光っていて、この暗点は次第に拡大し、数分乃至《ないし》数十分で消失する》

たしかに教科書の記述と芥川の描写には共通点が見られます。目のなかに歯車が見えたとき芥川は、狂気の発現の前兆ではないかと恐れながらも、じつに鋭い観察をしていたというわけです。

ところが、松本さんはひと言つけ加えることを忘れません。

《これ（眼科専門医のエッセイ・渡部注）を読んで、私は芥川の書いたのがちょっとクサイという気がした。教科書にある通りに正確に病状を書いたという芥川は、文字通り教科書を見てその通りに書いたのではないかとさえ思うのである》

松本さんは推理作家らしくこうした小さな点にも疑惑の目を注ぎます。しかし専門家でない私にはこの問題について判断すべき材料がありません。

私はただ、芥川の感覚の鋭さ、あるいは筆の冴《さ》えを見るのみです。

宮本顕治への配慮は疑問

松本さんの記述は前述したとおり芥川の自殺に対するとても詳しい調査・報告で、大変参考になりますが、しかし最後に宮本顕治の論文を持ち出してくるあたりには非常な違和感を覚えました。勘ぐれば、『昭和史発掘』発表当時の日本共産党書記長・宮本顕治への「ご挨拶」といったおもむきが感じられるからです。

《芥川に関する歴史的な評価でどうしても見落せないのは、宮本顕治の「敗北の文学」であろう。（中略）

周知のように、この論文は『改造』の懸賞募集で一等当選となり、次点は小林秀雄の「様々なる意匠」であった。この宮本顕治の「敗北の文学」が『改造』誌上に出るや、その清新にして鋭角的芥川批判は、当時の文壇に衝撃を与えた》

絶賛にちかい誉《ほ》め方ではありませんか。

戦後、宮本顕治が共産党内である種のカリスマ性をもった理由のひとつは、戦前の共産党弾圧のなかでずっと黙秘を守ったことでした。しかし、理由はもうひとつありました。

それは、日本の文芸批評を確立したといわれるあの小林秀雄が二等だったときの懸賞論文で一等になった、ということです。

何事であれ一等になるのはたしかに偉いことですが、しかし宮本顕治の「敗北の文学」はいまから見ると、いかにもイデオロギッシュ（政治的）です。

《それ（芥川の文学・渡部注）は「自己」への絶望をもって、社会全般への絶望におきかえる小ブルジョアジーの致命的論理に発している。かくて芥川氏は氏の生理的、階級的規定から生れる苦悩を人類永遠の苦悩におきかえる。（中略）

……我々は我々を逞《たくま》しくする為に、氏の文学の「敗北」的行程を究明して来たのではなかったか。

「敗北」の文学を——そしてその階級的土壌を我々は踏み越えて往かなければならない》

（「敗北の文学」）

このとおり、宮本論文には「ブルジョアジー」だの「階級」だのといった言葉が頻出します。要するに彼の論は——労働者階級と資本家階級の対立が決定的になるにつれ、プチ・ブルジョワジーは存在基盤を失い、没落せざるをえない、というマルクス主義的な公式を芥川の文学（自殺）に当てはめただけのものでした。イデオロギーで文学を斬《き》っただけの話です。マルクス主義理論をそのまま下敷きにしただけで、これといった内容はありません。

皮肉なことに、このとき第二席となった小林秀雄の「様々なる意匠」のテーマは――プロレタリア文学や芸術至上主義など、さまざまな意匠（デザイン）をまとって「文学でござい」という顔をした作品が多いが、そんなふうに意匠だけ凝《こ》らしても文学とはいえない、という主旨でした。いってみれば宮本顕治の芥川論にあるような、文学はイデオロギーに従えなどという文学論はほんとうの文学論ではないと、小林秀雄は喝破していたのです。

《人に「プロレタリヤの為に芸術せよ」と教へるのは「芸術の為に芸術せよ」と教へるのと等しく容易な事であるが、教へられた芸術家にとつては、どちらにしても同じ様に困難な事である》（「様々なる意匠」）

じっさい、プロレタリアのために芸術しろなどというのは「論」とも呼べないような愚論です。しかし当時の日本のインテリのあいだには深々と社会主義が入り込んでいましたから、宮本顕治の「敗北の文学」がウケたのだと思います。プロレタリア文学理論をどんと打ち出し、芥川の文学は敗北の文学にすぎないと斬ったから、流行に乗って一躍有名になった、それだけのことです。

だからこそ、松本さんがここで宮本論文を持ち出してきたのは、共産党および左翼に対する絶大な好意のなせるわざというべきでしょう。ふつうならここはやはり――宮本顕治の「敗北の文学」はプロレタリア文学の代表的な評論だけれども、文学はイデオロギーに従属すべきだというプロレタリア文学理論はいまから見ればまったく話にならない議論であると、そういう批判をひと言付け加えるべきところです。宮本顕治の「敗北の文学」に対する評価は、左翼理論がどんどんインテリを侵していた異常なる時代の特殊な一時的な現象であった、ということに言及しないと正当な歴史にはなりません。

芥川の文学が敗北の文学であろうと何であろうと、文学としてはやはり立派であったことを認めなければいけません。小林秀雄の言い方ではありませんが、文学をイデオロギーの物差しで斬っていったら、たいていつまらないものになってしまいます。

芥川龍之介はかなり勝手な生き方をして、そして自殺までしたわけですが、しかし私はそこに昭和初期の日本の自由な、時として放恣《ほうし》な姿が浮かびあがってくるように思うのです。

小林多喜二の死

松本さんは作家らしく、「芥川龍之介の死」で作家の運命について懇切丁寧に筆を運んでいます。当時話題になったことについて詳しく調査していますけれども、それは芥川の自殺についてだけでなく、谷崎潤一郎と佐藤春夫の「妻譲《つまゆず》り」のエピソード（「潤一郎と春夫」）についても、小林多喜二の死（「小林多喜二の死」）についても同様です。「潤一郎と春夫」については項を改めるとして、ここでは「小林多喜二の死」について簡単にふれておきます。松本さん自身、芥川と多喜二に《何となく似通った点がある》と書いているからです。

《どちらも年少にして名を成したこと、若くして死んだこと、どちらも自然死でないこと、昭和初期における二つの傾向の文学がこの両人によって代表されていること、そして二人の作品が未だに多くの読者によって読みつがれていることなどで、どこか似た感じがする》

いわれてみれば、なるほどと思います。松本さんはこうつづけます。

小林多喜二

《芥川が自殺したとき私は十七歳だった。彼の自殺記事が大きく出た新聞をもってきたのは、私が間借をしている家の若い主婦であった。階下から急いで上った彼女はその「文壇の雄芥川龍之介氏自殺」という大見出しのところを折って息をはずませながら私に突きつけたのを今でもありありとおぼえている》

《小林多喜二の死は新聞で知ったことよりも、暗い部屋で、ある年上の友人からひそひそと語られたのだった。（中略）

昭和八年のある日、彼の家に遊びに行くと、彼か、その友人かが、

「小林多喜二は拷問で殺されたらしい」

と、暗い顔をしてささやいていた》

《まもなく、私の友人の労働者たちは逮捕され、私もまた側杖《そばづえ》を喰って検挙された。（中略）考えてみると、芥川の自殺と多喜二の死との間には五年余の経過があるのだが、私の回顧の中には、この二人の死がほとんど同時に重なっている》

昭和七年四月、地下にもぐって非合法の党生活者となった多喜二は、翌八年の二月二十日、治安維持法で逮捕され築地警察署に送られました。そしてそこでの拷問がもとで亡くなったことはよく知られています。

そんな事件もあって、戦後、治安維持法は「悪法の典型」のようにいわれるようになりますが、考えてみれば共産党はコミンテルンの指令にもとづいて――皇室を廃止する、現存する体制を暴力で引っくり返す、といっていたのです。その目的のために宮本顕治も小林多喜二も地下にもぐり、破壊活動をつづけました。連綿とつづいてきた皇統を守り、国民の安全を維持しなければならない政府とすれば、そんな運動を野放しにできるわけがありません。そうした団体を取り締まる法律をつくるのは当然です。つくらなければ、そっちのほうが怠慢です。そこでつくられたのが治安維持法でした。

しかし大正十四年につくられた治安維持法には「死刑」の規定はありませんでした。

《国体ヲ変革シ又ハ私有財産制度ヲ否認スルコトヲ目的トシテ結社ヲ組織シ又ハ情ヲ知リテ之ニ加入シタル者ハ十年以下ノ懲役又ハ禁錮ニ処ス》（第一条第一項）

最高刑は「懲役十年」。それが死刑になるのは、昭和三年の改正からです。

ところが現実には、治安維持法で死刑になった人間はひとりもいません。小林多喜二も裁判で死刑になったわけではありません。多喜二のように警察で死んだ人は何人かいますけれども、警官が共産党員のピストルで殺されたり、廃人になるほどの重傷を負ったりした数は五十人以上です。当時の共産党幹部はピストルなどで武装していたのに、警官はピストルなど持たずに逮捕しようとしていたのです。警察での取調べで行き過ぎのあった背景には、同僚の死や負傷があったのです。しかしそれでも、共産党が殺した共産党員の数よりは少なかったのではないでしょうか。労働者・プロレタリアの天国としてソ連に入った日本人の共産党員の何人かが、ソ連で殺されています。

こうした事実をとらえそこなうと、往々にして時代の相貌《そうぼう》をつかみそこねてしまいます。

第5章　北原二等卒の直訴

【軍隊】 陸軍が「無敵皇軍」と呼ばれるようになると、その存在は絶対的になっていった。ところがここに被差別部落出身の二等兵があらわれ、軍隊内で「差別撤廃」を叫んで文字どおり傍若無人、隊内の規律を乱しても罰せられないという椿事《ちんじ》が起った（昭和二年）。部落解放運動との摩擦を避けたいという連隊幹部の思惑から、彼の行動は不問に付されたのである。

この事件は、明治六年の建軍以来半世紀を経た巨大組織・陸軍に忍びよる「事なかれ主義」を浮き彫りにする。組織の硬直化、軍隊の官僚化――。ここに、大東亜戦争における帝国陸軍の敗因を見ることも可能だろう。もちろん帝国海軍も例外ではない。

北原事件と部落解放運動

この「北原二等卒の直訴《じきそ》」はきわめて注目すべき論文だと思います。

北原事件というのは、北原泰作《たいさく》という二等兵が軍隊内での部落差別を天皇陛下に直訴した事件ですが、ここには――、

①戦前の部落差別とそれに対する抵抗。

②軍隊内の規律。
③天皇の威光。
④戦前の左翼思想の浸透。
といった問題がいろいろ絡まっていて、とても重要なポイントがいくつもふくまれていますので、それを順々に解きほぐしてみたいと思います。

*

大正七年（一九一八年）、まだ第一次世界大戦がつづいていた時代に富山県下新川郡魚津《うおづ》町で「米騒動」が起きました。戦争による好景気で成金《なりきん》が生れる一方、物価も急騰して米の値段も高くなりました。そこで魚津の漁民の女たちが「これでは食っていけない」と騒ぎだしたわけですが、これがぱっと燎原《りょうげん》の火のごとく全国各地に伝播《でんぱ》していきました。参加者は七十万人前後と推定されていますが、そのなかには、それまでおとなしくしてきた被差別部落の民衆が大勢加わっていました。全国二十二府県で被差別部落の人たちが騒ぎはじめたというので、政府もこれには目をみはりました。それまでは彼らが暴動に加担するということはなかったものですから、これは当局に非常なショックを与えました。当時の寺内《てらうち》（正毅《まさたけ》）内閣はこの米騒動の責任をとって辞職しています。

一方、この米騒動がきっかけになって被差別部落の人たちのあいだで、自分たちの権利を守る組織の必要性が自覚されるようになりました。そこで大正十一年、「水平社《すいへいしゃ》」の創立大会がひらかれています。いわば米騒動は、部落解放運動の組織・水平社の発火点になったのです。

水平社に関して非常に興味深いのは宣言文です。あの時代にあって、きわめて過激に自分たちの主張を打ち出しています。

《兄弟よ。吾々の祖先は自由、平等の渇仰者《かつごうしゃ》であり、実行者であった。陋劣《ろうれつ》なる階級政策の犠牲者であり、男らしき産業的殉教者であったのだ。ケモノの皮剝《は》ぐ報酬として生々しき人間の皮を剝ぎ取られ、ケモノの心臓を裂く代価として暖い人間の心臓を引裂かれ、そこへ下らない嘲笑《ちょうしょう》の唾まで吐きかけられた呪《のろ》はれの夜の悪夢のうちにも、なほ誇り得る人間の血は涸《か》れずにあった。そうだ、そして吾々はこの血を享《う》けて人間が神にかわらうとする時代にあうたのだ。犠牲者がその烙印を投げ返す時が来たのだ。殉教者が、その荊冠《けいかん》を祝福される時が来たのだ。吾々がエタである事を誇り得る時が来たのだ》(全国水平社創立宣言)

「荊冠」というのはイバラの冠《かんむり》。キリストが磔《はりつけ》にされるときかぶっていたあの冠で、これは殉教者を意味しています。つまり、彼ら被差別部落民はこれまで虐《しいた》げられてきたけれども、これからはそれを撥《は》ね返すのだという意思表示でした。これまでは犠牲者・殉教者であったが、これからはわれわれが「神にかわろうとする時代」がきたのだと叫びます。そんなふうにして高らかに自分たちの権利をうたいあげたのです。

こうした威勢のいい、きわめて戦闘的な姿勢が本章のテーマである北原二等兵の事件にも通底しています。

浄土真宗の果たした役割

もうひとつ、松本さんが指摘していることで重要なのは、被差別部落と浄土真宗の関係です。

松本さんによれば、部落差別が完成されたのは江戸時代です。幕府の統治形態は周知のように「士農工商」とされましたが、江戸幕府がとても巧妙だったのは被支配階級の心理をよく読んでいたことでした。つまり支配される側は、支配者から圧迫を受けると、それによって反抗心も培《つちか》うことになります。そこで幕府は、被支配階級の反抗心をそらせるために、「農工商」の下にもうひとつ階級をつくったというのです。それがすなわち「エタ」、「非人」という被差別階級だったといいます。そうした被差別階級を設けることは――、

《百姓、町人たちへの「優越意識」の付与である。これが「エタ」、非人といわれるもののの身分制度だ》

ところが、「非人」のほうはおとなしくしていれば《市民権の回復ができるようにしていた》。しかし「エタ」はそうではない。《何代つづこうと、未来永劫に賤民であった》と、松本さんは書いています。

それでは「エタ」と呼ばれた被差別部落の人たちの前には絶望しかないではないか、彼らはそれでも黙っていたのだろうか、絶望の人生を送らねばならなかったのか——と自問自答しながら、松本さんはこういいます。

《だが、ここにも徳川政府の巧妙な統治政策が動いた。すなわち、宗教による「諦《あきら》め」あるいは「来世」の思想注入である。（中略）

すなわち、現世では穢《けが》れの多い身体だが、阿弥陀如来《あみだにょらい》を信仰すれば、死後は浄土に行かれるばかりか、来世は一般の者と同じ身体に生れ変るというのである。これが明治になってからもつづき、今日どの未解放部落に行っても、貧しい村落には似つかわしくな

い大屋根の寺院が建立《こんりゅう》されている理由である》

そうして被差別部落に広がっていったのが一向宗《いっこうしゅう》、すなわち浄土真宗だというのです。浄土真宗は、被差別部落の人たちに「南無阿弥陀仏」ととなえればあらゆる罪業は消滅し、死後は極楽浄土へゆけると説いたのです。一般の人たちとおなじ身分になれる、と説きました。だから全国の被差別部落民はみな浄土真宗を信仰するようになったというのです。

これを逆にいえば、浄土真宗の「他力」の信仰が被差別部落の人たちの絶望感や不満、鬱憤《うっぷん》、反抗心をまぎらわせたということになります。これこそが「徳川政府の巧妙な統治政策」であったと、松本さんはいうわけです。

もちろん、浄土真宗はすべて「被差別部落の宗教」だというわけではありません。しかし被差別部落の人たちはほとんど全員が浄土真宗の信者であると、松本さんは書いています。

靖国神社を攻撃する仏教徒はだれだ

その一方で、浄土真宗は東本願寺などを見てもわかるように、皇室とも姻戚《いんせき》関係にあります。したがって浄土真宗は、皇室にも被差別部落にもとても関係の深い宗派なのですが、この浄土真宗をめぐっては最近こんなことを知りました。

この三、四年、A級戦犯を祀《まつ》ってあるからといって、靖国神社参拝に対する反対運動が盛んです。そんな運動を左翼が煽動《せんどう》しているのはおかしくないとしても、そのなかには一部のキリスト教徒や仏教徒も入っています。これはどういうことなのかと、私はかねてから不思議に思っていたのです。

というのもローマ教皇庁は、カトリック教徒が靖国神社を参拝してもいっこうにさしつかえないと戦前から明言しているからです。戦後、占領軍として日本に乗り込んできたマッカーサー司令部が靖国神社を焼き払おうとしたとき、ローマ教皇庁公使代理のような役をされていた上智大学教授のグルノー・ビッテル神父は、「いかなる国家も、その国家のために死んだ人に対して敬意を払う権利と義務がある」といって反対しています。ローマ教皇庁も、「国家のために死んだ英霊を祀ることは当然である」といいました。だから私は、いま「靖国反対」と騒いでいるキリスト教徒は、アホなキリスト教徒にちがいないと思っています。

それはそれとして、また一部の仏教徒も反対しているといいます。そういう報道がありました。では、それはどういう仏教徒なのか——。

そのあたりの事情を調べたレポートによれば、反対しているのは浄土真宗系の仏教徒だといいます。檀家《だんか》の多くが被差別部落の人だから、被差別部落系の僧侶がいるのだそうです。先に引いた水平社の宣言を見てもわかるように、彼らはいわゆる「反権力」ですから、左翼と連携して靖国神社に対する反対運動を起していたのです。その方面から出ているのが仏教徒による「靖国神社反対」という声の真相でした。

考えてみますと、ふつう、仏教の宗派が神道を攻撃するという伝統は日本にはありません。

欽明《きんめい》天皇のころ（在位は五三九年〜五七一年）、日本に仏教が入ってきて、氏族同士の意見が対立したことがあります。すなわち、仏教を祀るべきか否かという欽明天皇のご下問に答えて、蘇我稲目《そがのいなめ》が「ほかの国では仏教を祀っています。日本だけがそむくべきでしょうか」というと、物部尾輿《もののべのおこし》と中臣鎌子《なかとみのかまこ》は「わが国にはすでに多くの神がいらっしゃるのだから、さらに仏を祀ると国の神の怒りを買うことになるでしょう」と反対する。そしてそれが政争にまで発展しますけれども、その後は間もなく、用明《ようめい》天皇の時代に神も仏も両方あがめることにし、その皇子で仏教を崇め、神社も重んじた聖徳太子（五七四年〜六二二年）に見るように、仏教は日本に定着するようになります。

その後、日本にはとくに宗教戦争はありません。

たしかに織田信長が比叡山延暦寺《ひえいざんえんりやくじ》（天台宗）を焼き討ちにしたり（一五七一年）、一向宗を攻撃したり（一五七四年～一五八一年）したことはありますが、その本質は世俗権の争いで、仏教それ自体をめぐる戦争ではありませんでした。

明治のときの廃仏毀釈《はいぶつきしやく》（一八六八年）も、仏教を迫害するというより、神道と仏教をはっきり分けたいという話で、しかもその混乱は二、三年で終息しています。

ところがいまの靖国神社攻撃は仏教宗派からの神道攻撃で、まったく新しい動きですから、私も最初はわけがわからなかったのです。ところが、靖国神社を攻撃している仏教とは浄土真宗であり、その浄土真宗のなかにはいまいったように被差別部落系の勢力があるというレポートを読み、さらには松本さんの「浄土真宗と被差別部落とのつながり」を思い出して、やっと得心したしだいです。

福岡連隊事件

本題に入る前に、もうひとつ押さえておきたいことがあります。

それは北原二等兵の直訴状（後述）にもふれられている、大正十五年に起きた「福岡連隊事件」のことです。

この事件は、福岡連隊内で被差別部落出身の一兵士が差別待遇を受けたことにはじまります。すると、「これでは子弟を安心して軍隊にあずけられない」といって、水平社の九州連合会が連隊に押しかけ、連隊長に「差別撤廃」「融和促進講話」「水平社と連隊との懇談会」を要求しました。連隊長もいったんはその要求を呑むといっていたのですが、あとになって拒否してきましたので、水平社では糾弾運動を決議します。そして運動がいよいよ盛り上がりを見せはじめたとき――水平社の中央委員会議長・松本治一郎《じいちろう》以下六人が検挙されたのです。

その容疑について、『昭和史発掘』は当時の取締り当局の発表を引いていますので、それを再引用しておきます。すなわち水平社のメンバーは、

《十一月中旬、佐賀県下において行われる陸軍大演習に際し、歩兵第二十四連隊の大部分が演習地に参加せる留守に乗じ、約千人余の同人をあつめ、示威運動の名のもとに荊《けい》冠旗《かんき》を立て、大衆をもって同連隊兵営の周囲に押しよせ、営内をダイナマイトを投じて爆破せしめ、大いに気勢をあげ、かつ、軍隊側に対し不安感をあたえ、（中略）爆発物を使用することをともに謀議した》

松本さんは、この「謀議」について《でっち上げ》だと断定していますが、その真偽は

さておき、部落解放運動の闘士たちが地元の連隊に押しかけ、糾弾運動をはじめようという動きがあったことは事実です。

そういう空気のなかで、問題の北原二等兵は昭和二年一月、岐阜の第六十八連隊に入営しました。正確に記せば、配属されたのは第三師団第六十八連隊第二大隊第五中隊第一小隊第一班です。

ここで若い読者のために簡単な説明をしておけば――軍隊というのは「分隊」→「小隊」→「中隊」→「大隊」→「連隊」→「師団」という順で大きくなっていきます。

「班」というのは「分隊」とほぼおなじで、だいたい十五人ぐらいです。そしてふつう分隊が三つ集まって「小隊」（したがって五十人前後）になります。つぎに三小隊でひとつの「中隊」（二百人前後）。ふたつの中隊に本部の将兵を加えたのが「大隊」（八百人内外）です。大隊ふたつに通信隊や砲兵大隊、本部の軍人などを加えて「連隊」（二千人前後）ができあがります。そうした連隊が三つ集まり、そこに師団司令部の要員が加わって「師団」（一万人前後）になるのです。

したがって、連隊長といえば二千人の社員がいる会社の社長のようなものです。大隊長は八百人の会社の社長。中隊長でも二百人ちかい会社の社長、あるいは大企業なら二百人の部下をもつ部長といったところです。

以下の記述もそういうことを頭に入れて読んでいけば、若い読者でも少しはリアリティが感じられると思います。

特進将校・武藤中尉

福岡連隊事件もあって、どこの軍隊も部落問題に対しては内心ビクビクしていました。現在の会社でもそうですが、相手が右翼であれ総会屋であれ、また左翼であれ、外部とゴタゴタを起こせば出世に響きます。その点は軍隊もおなじでした。軍隊も「出世社会」ですから、中隊長でも大隊長でも、やはり無用の軋轢《あつれき》は避けたいという気持ちがあります。

さて、北原泰作二等兵は最初、岐阜六十八連隊第二大隊第九中隊に配属されるはずでした。ところが、第九中隊の中隊長・草川大尉という人は陸軍士官学校出身で、「鬼の草川」といわれたくらい兵隊を絞りあげる軍人でした。そこで草川大尉は、「北原という部落出身の者が入ってきたら、自分の性格からしてもビシビシやるから、部落運動と決定的な対立を起す恐れがある」と北原二等兵を部下にすることを辞退します。

とにかく北原二等兵の入隊に際しては、水平社の仲間たちが赤旗（共産党）や黒旗（無政府主義）、あるいはイバラの冠を描いた旗（荊冠旗）を立てて見送り、北原本人も営門に着くまで反軍演説をして歩いたというのですから、草川大尉がそう言い出したのも無理はありません。

そこで北原二等兵は第五中隊に配属替えになります。

第五中隊は、折から中隊長が病気だったので、武藤中尉という人が中隊長代理になっていました。その第五中隊が北原二等兵を引き受けることになったのです。中隊長がいないので押しつけられた、といったほうが適切かもしれません。これが昭和二年一月のことです。

ここでポイントになってくるのは武藤中尉です。というのも、この人は兵隊からのしあがった「特進」の将校でした（ちなみに将校というのは少尉以上の武官をさす）。

昔は、旧制中学を出ないかぎり将校になる道はほとんどありませんでした。私は昭和五年の生まれですが、その世代でも旧制中学は同年齢の日本男子の一割が進むか進まないかという、すでにしてエリートの学校でした。だから入学試験も、学科試験だけでなくて運動の試験もありました。日本の同世代の男子の一割もいかないようなそんな旧制中学の、そのなかでも上位三、四番目ぐらいまでの生徒が中学二、三年のときに陸軍幼年学校へ進みます。そしてそこから陸軍士官学校へあがる。ふつうは、そんな人たちが将校になりました。いわば、エリート中のエリートでないとなれないのが将校でした。

ところが例外的に、兵隊として徴兵されてから二等兵、一等兵……と進んでいって、そして将校にたどり着く人が、ごく少数ですが、いたのです。

念のために、陸軍の階級を下から順に記しておけば、二等兵↓一等兵↓上等兵↓（兵長）↓伍長↓軍曹↓曹長↓特務曹長↓准尉ときて、その上が少尉。少尉から上が「将校」です。だから二等兵から累進して将校になった人は「抜群の人」というべきです。

武藤中尉はその「特進将校」でした。しかも中尉までいっているのだから、たいしたものです。特進将校では少佐までいったケースがあるそうですが、ふつうはどう頑張っても大尉どまりでした。

士官学校出身者はすぐ少尉になって、それからどんどん出世して中尉↓大尉↓少佐↓中佐と昇進してゆきますが、特進の将校は大尉どまり。このあたりの事情は、いまの中央官庁のキャリア組とノンキャリア組を思い浮かべればわかりやすいと思います。財務省でいえば、キャリア組は三十歳代で税務署長になり、中央に戻ってからもどんどん出世していきますが、ノンキャリアは下積み生活をつづけ、退職まぎわにうまくいってやっと税務署長。

ノンキャリアも特進将校も現場からの叩き上げです。それだけに、仕事の内容についてはだれよりも通暁《つうぎょう》していました。

軍隊のことをいちばんよくわかっているのは曹長だといわれました。曹長は「別格官幣《べっかくかんぺい》大社《たいしゃ》」という仇名だったそうです。二等兵から見れば、伍長、軍曹などは偉い神社のようなものですが、叩き上げでいちばん位が高く、何でも知っている曹長はもう別格あつかい、すなわち別格官幣大社でした。

しかし、その上がいます。二等兵から将校にまで進んだ特進将校です。別格官幣大社の上ですから、これはもう「神さま」のようなものです。それが武藤中尉のような特進将校でした。

軍隊のことは、苦労も何もこれほど知っている人はいない。そんな武藤中尉が中隊長代理として北原二等兵を引き受けることになったのです。

松本さんはここで大事なことを指摘しています。そうした特進将校にはふたとおりの型があるというのです。エリートである陸士組に負けてなるものかと兵隊を叱咤《しった》するタイプ、もうひとつは軍隊経験が長いために兵隊の心理をよく理解している人情味の厚いタイプです。

《武藤中隊長代理は、どうやら特進組でも気の弱いほうだったらしい》

そんな武藤中尉は北原二等兵を腫《は》れ物にさわるようにしてあつかいました。

ところがそれに対して北原は、最初から徹底して反抗的な態度を取ったのです。

北原二等兵の傍若無人

入隊式には岐阜県知事の祝辞がありました。その挨拶の途中、北原二等兵は突然、班内に帰ろうとしました。直属の軍曹から「体調が悪いのか」と聞かれると、「悪い！」といって兵舎に戻ってしまいます。

軍曹といえばふつう、兵隊から見たらものすごく怖い存在です。その軍曹が止めようとしても、いうことを聞きません。

このエピソードを読んだとき私は、そんなことが日本陸軍にあっただろうかと思いました。これは、それくらい想像を絶する出来事だったのです。

兵隊はみなクリクリ坊主にします。ところが北原は髪をのばしたままでした。

また、入隊するときは必ず宣誓をします。《上官ノ命令ハ事ノ如何《いかん》ヲ問ハズ直《ただ》チニコレニ服従シ……》と誓います。これは軍隊のABCです。ところが北原はその宣誓をしません。「なぜ宣誓しないのか」と軍曹から聞かれると——大正十二年の大震災のとき、甘粕《あまかす》正彦《まさひこ》憲兵大尉の命令に従って鴨志田《かもしだ》上等兵はアナーキストの大杉栄《おおすぎさかえ》夫妻を惨殺した。それが誤った命令だったことは、甘粕大尉が刑罰を受けたことでもわかる。そんなふうに間違った命令もあるのだから上官の命令に無条件で従うという宣誓などできない、と答えるのです。

ふつうなら殴り倒されるところです。しかし、面倒を起したくない武藤中尉のはからいで、北原二等兵は特別あつかいにされたままです。

とはいえ、宣誓はさせなければなりません。武藤中尉は北原に宣誓をしてくれるよう頼み込みます。しかし北原は宣誓しない。そこで、大隊長が隊長室に呼びつけますが、北原の答えはやはり「NO」でした。今度はいちばん偉い連隊長から呼び出しがきます。すると、あろうことか北原は、「いまは食事中です。食べ終るまで待ってもらいたい」といったあげく、連隊長から「宣誓しろ」といわれても宣誓を拒否します。


《北原二等卒の存在は連隊じゅうの評判になった。しかし、北原には絶対に手を出してはいけないと中隊長（正確には中隊長代理・渡部注）は厳重に周囲にいい渡してある。北原一個の無法ぶりが怕《こわ》いからではなかった。一つは、北原の反抗にのって不測の事故が起り、その責任波及が自己にくるのを恐れたからだ。

もう一つは、福岡連隊事件にみるように、外部の部落解放団体に騒がれるのが怕いからだった》

しかしついに武藤中尉は北原二等兵に「宣誓せよ」と命令します。命令を聞かなければ抗命罪になります。重営倉に入れられる。悪くすれば軍法会議にもかけられます。そうなってはこれからの闘争にさしつかえると判断した北原は、やっと宣誓することにします。

その後も北原の勝手放題はつづきました。新兵の躾《しつ》けを担当する古兵がいても、いうことを聞かない。その世話もしない。それどころか、彼らの目を盗んでは酒保《しゅほ》（営内の購買部）へいって買い食いをする。北原の顔を知らない若い将校が、「そこの兵隊、なぜ敬礼しないのかッ」と咎《とが》めると、「わしはあんたを尊敬もしてないからだよ」と答えます。怒りに震えて「所属中隊と官姓名」を名乗らせた将校も、「北原二等兵ッ」という答えを聞くと、殴り倒すこともできません……。

戦前の日本陸軍もまるで形無《かたな》しです。ナメられ放題ナメられてしまいます。そんな北原にもはじめての外出が許されました。彼だけに外出を許可しないと「差別」したことになるからです。ところが、北原二等兵は時間どおり戻りません。最初から刻限どおりに戻る気はなかったから、姉の嫁ぎ先で酒を飲み、出された料理をたいらげてから帰営したのです。

その間、中隊内は「北原が脱走したのではないか」と大混乱におちいります。刻限に遅れた北原二等兵は軽営倉二日、武藤中尉は連隊長に怒鳴り飛ばされます。北原を抱えた武藤中尉は連隊長や大隊長から叱られどおしでした。

当時は皇族も必ず軍隊に入りました。皇族を引き受けた師団ではもちろん腫れ物にさわるようなあつかいをしたはずですが、しかし皇族のほうも気をつかいました。命令はちゃんと聞きました。むしろふつうの将兵よりも規律正しかったといいます。周囲も気をつかったはずですが、皇族のほうも絶対にわがままはいうまいと心がけていたからです。

その点北原は、皇族など比較にならないくらい傍若無人でした。

ある日、古兵が「エタ」という言葉を使ったのを聞きとがめると、北原は武藤中尉のところへ押しかけて、「この問題に何の対処もしないようなら、外部と連絡をとって運動を起す」といって脅します。するとさすがの武藤中尉も、以後は北原の身辺を厳戒し、面会はもちろん文通も禁止しました。

外部との連絡を断たれた北原は、ついに兵営を脱走します。これに対して連隊側は憲兵に知らせる前に、捜索をはじめました。憲兵隊に「脱走」を連絡すれば連隊全体の不名誉になるため独自に北原を探そうとしたわけです。しかしどうしても居所をつかめず、連隊は憲兵に通知せざるをえなくなります。

脱走は、一週間以内に戻れば重営倉、それ以上であれば陸軍監獄に収容、でした。北原二等兵は一週間目ぎりぎりに滑り込んだと、『昭和史発掘』には書いてあります。

ところが今度は、重営倉のなかで断食をはじめました。食事はもちろん、水もいっさい飲まなかったので、日に日に衰弱してゆきます。五日目に妹がきました。次の日は母親。連隊も肉親を呼んで北原二等兵の説得に一生懸命でした。七日目には父親が牛乳をもってやってきます。ここでやっと北原も折れたといいます。

このまま死ぬより部落解放運動をつづけるべきだと判断したからだ、というのが松本さんの解釈ですが、ここで武藤中尉も北原に向かって《お前には負けたよ》といったそうです。

軍隊のなかの左翼分子

こんなヤツは軍隊に置いておくと厄介だからと、連隊では北原二等兵を陸軍病院に送り込んでしまいます。ところが病院側も、一か月ちょっと置いただけで、また原隊に追い返してきました。

この応酬のなかで登場するのが、陸軍病院にいた矢持《やもち》という軍医少尉です。貧しい家庭の出で、学資がないから軍医になったものの、軍医などは早く辞めて開業医になりたいと思っているような軍医です。開業したほうがカネになるからです。

しかも彼は多少「左」がかった軍医でした。入院してきた北原に「左翼の本を貸してくれ」と頼み込んでいます。マルクスやアナーキストの本をもっていれば処分される。そうしたら民間人になって開業できる……そんなことを考えている軍医もいたのです。

そうこうするうち――北原は、今度（昭和二年十一月）陸軍大演習があって、そのあと天皇陛下の観兵式があるという噂《うわさ》を耳にします。そこで、天皇に「差別問題の是正」を直訴することを思いつくのです。

ただし天皇への直訴となると、これまでの反抗のようなわけにはいきません。下手をすれば銃殺です。そこで仮病をつかって陸軍病院へいくと、矢持軍医と作戦を練ります。「不敬罪」と認定されれば死刑に処される。では、不敬罪にならないようにするにはどうすればよいか。彼らは六法全書を繰って、結局のところ「請願違反」で済むようにと、天皇に敬称を用いてなるべく丁寧な文章を書くことにします。

いよいよ大演習がちかづくと武藤中尉は、北原が何をしでかすかわからないため、演習への参加を見合わせるように迫ります。ところが北原は、参加させないのは部落差別だと、またゴネます。結局、参加が認められると北原は、

《自分に理解を持ってくれている大学出の下士官のところに行き、硯《すずり》と筆とを借りた。事情は明かさなかったが、その下士官もうすうすは推察しているようだった》

先の矢持軍医といい、この下士官といい、軍隊にも左翼的な軍人がいたのです。これは後章のテーマになりますが、「二・二六事件」に登場する青年将校たちもある意味ではみな左翼的な思想の持ち主でした。彼らと共産主義者とのちがいは――天皇を戴くか、それとも天皇打倒か、そのちがいにすぎなかったといえる一面がありました。

直訴と天皇の「ご威光」

いよいよ大演習後の観兵式の当日。

物入れ（ポケット）のなかには、すでに書き記した直訴文が入っています。

《訴状。

乍恐及訴候《おそれながらうったえにおよびそうろう》。

一、軍隊内に於ける我等部落民に対する賤視《せんし》差別は封建制度下に於ける如く峻烈《しゅんれつ》にして、差別争議続発し、その解決に当る当局の態度は、被差別者に対して些少《さしょう》の誠意も無く、寧《むし》ろ弾圧的である。

一、全国各軍隊に於ける該《がい》問題に対する当局の態度は……》

天皇陛下のお乗りになった馬が、整列している北原のほうへ進んできます。以下は『昭和史発掘』の本文です。

《眼前の空隙《くうげき》は、次に進んでくる品《ひん》のいい馬によって埋められようとしている。北原は、付剣《つけけん》の銃を左手に提《さ》げ、物入れから取出した奉書を右手に高く捧げ、その華奢《きやしや》な馬を打たせている高貴な人に向って、確実に進んでいた。

先頭の諸兵指揮官（梨本宮《なしもとのみや》殿下・渡部注）が不思議そうな顔をしてこちらを眺めた。天皇は、まだ、横顔を向けたままである。陽をうけて白い眼鏡が大きかった》

天皇の前に飛び出すときは《さすがに膝に慄《ふる》えが起っていた》と書いてあります。また、訴状を渡すなら当然立ち上がって渡すべきところですが、天皇陛下の威厳というのは当時ものすごいものでしたから、北原も《突然、片膝を折り、地面に坐った。折敷《おりしき》の姿勢である》。

「折敷」というのは軍隊の身がまえのひとつで、右脚を折り曲げて尻の下に敷いて坐り、いつでも立てるように左膝を立てた姿勢です。天皇陛下の前に出ると、さすがの北原もも う立っていられない。そこでつい折敷の姿勢をとってしまったということでしょう。北原を警戒していた第五中隊の軍曹や曹長たちも、北原が飛び出していってもなす術《すべ》を知りませんでした。松本さんもこう指摘しています。

《いま、第六十八連隊の将兵が呪術《じゅじゅつ》にかかった状態で凝固しているのも、陛下の尊厳に打たれているからだ》

ここで松本さんは「天皇陛下の威厳」について、ひとつのエピソードを引いています。これは彼が小説のなかでもあつかっている事件ですが、昭和九年十一月、天皇陛下が群馬県下で行われた陸軍特別大演習を終えて県内各地をおまわりになったときのことです。桐生《きりゅう》市では、天皇がお着きになったらまず桐生市立西小学校へご案内し、それから桐生高等工業学校へ向かうことになっていました。その手はずで何回も予行演習が行われたそうです。お召し自動車の前を走る先導車は桐生署の見城、本多両警部が担当することになっていましたが、ふたりとも土地の警察の人間だから地理には詳しく、コースの心配はありませんでした。

ところが本番になって、このふたりは先導する順路を間違えてしまったのです。最初は西小学校へ行くはずだったのに、二番目にまわる桐生高工のほうへ先に行ってしまったのです。驚いたのは名士たちです。陛下がいらっしゃるのはまだ先だと思って寛《くつろ》いでいたところを不意討ちされてしまいました。政務次官などはモーニングを脱いでステテコ姿だったから、当惑どころではなかったという話もあります。

それにしてもなぜ、先導の警部たちは順路を誤ってしまったのか。松本さんはこう書きます。


《多分、先導の警部は緊張のあまりに、眼が晦《くら》んだのであろう。（中略）一説によると、張りめぐらされた紅白の幔幕《まんまく》が西小学校に曲るべき道の目標を塞《ふさ》いだため、迷いを起させたといわれているが、いずれにしても、天皇陛下を案内しているという意識が警部の判断力を混乱させたといえる》

それくらい天皇陛下の「権威」「輝き」「威光」といったものは大きいものでした。

戦後の園遊会でも、昭和天皇の前に出るとコチコチに緊張してしまうと、何人もの人が述懐しています。まして「現人神《あらひとがみ》」と崇《あが》められていた戦前のことです。両警部の緊張はひとかたではなかったでしょう（北原二等兵が天皇陛下の前に飛び出していったとき、第六十八連隊の将兵たちが金縛りにあって身動きできなかったのも、それとおなじことでした）。しかし、責任は取らなければなりません。

《知事は進退伺を出し、警察部長は左遷させられ、署長は馘《くび》になった。誤導の不敬を冒《おか》した本多警部は、天皇が県下を離れるの日、日本刀で割腹して果てた》

この問題をあつかった小説で松本さんは、本多警部に非常に同情を寄せています。それはまことに当然だと思います。

その後の処分

では、問題の北原二等兵の直訴事件はその後どうなったのか。

新聞記事が解禁されたのは、直訴のあった四日後でした。そこには北原の直訴文も掲載されました。当時はまだ、いわゆる「言論の自由」もあったのです。

当の北原も、直訴文が非常に丁寧な言葉で書かれていたので不敬罪にはなりませんでした。「請願令」違反で「懲役一年」とされました。陸軍でもこんな事態は想定していませんから、軍法会議にもかけられなかったわけです。

時の田中義一首相が発表した談話はつぎのとおりです。

《「仮りに札つき者であっても、軍隊内にある間に、その性質が改まってこなければ本当でない。この意味から、厳密にいえば、軍紀が弛緩しているとも言い得るだろう」》

ただしこの問題で《責任者の範囲を誤ると、将来上官を陥《おとしい》るるために、この種の暴挙を敢《あえ》てする不届者《ふとどきもの》が出ぬとも限らぬから》処分には十分注意を払うように、と付け加えています。

そこでなされた処分はつぎのとおりでした。

・第三師団長＝進退伺いが出ているが、その儀に及ばず。
・第五旅団長、第六十八連隊長、第二大隊長＝謹慎または譴責《けんせき》。
・第五中隊長（桜井鐐三大尉）＝軽謹慎三十日、罰俸二か月。

これを見て私がオヤッと思ったのは、これまでずっと見てきた武藤中尉に対する言及がないことです。桜井中隊長が病気だったから武藤中尉が中隊長代理として北原に対してきたのに、その処分が記されていません。

あるいは、処分されなかったのでしょうか。

処分されなかったとしても、上司である中隊長、大隊長、連隊長がいずれも処罰されているわけですから、武藤中尉の「その後」は相当厳しかったと思われます。

武藤中尉は、前述したように兵隊から成りあがった将校です。松本さんは書いていませんけれども、メンツがつぶれて自殺しているかもしれません。また、生きていたとしても、おそらくはヒドい目にあったことでしょう。

兵隊から這いあがってようやく中尉までいったのに、北原二等兵のせいで人生は目茶目茶です。将校ですから、退役しても恩給を受け、一応安穏な暮らしができるはずだったのに、その計画がみな崩れて……いったいどんな生活が武藤中尉を待っていたのでしょうか。

私は、そのあたりも松本さんに調べてもらいたかったと思いました。

ちなみに、事件の第一報を耳にして卒倒した北原の父親は、首を吊ろうとしたところを発見されて自殺未遂で終っています。

姫路の刑務所に入れられた北原二等兵は、昭和三年の末、天皇即位によって恩赦が行われることになりましたが、「自分のしたことを悪いとは思っていない。したがって恩赦はいらない」と答えています。そのとき残された刑期はあと二か月でしたから、「改悛《かいしゅん》しない」

といってスジを通しました。

北原二等兵は日本だから生きられた

この「北原二等卒の直訴」で重要なことは、天皇陛下のご威光があれほどすごい時代でも「部落差別をするな」といって開き直られると、軍隊ですら手も足も出なかったということです。

福岡連隊事件では、水平社のメンバーが連隊兵舎に押しかけ、「差別撤廃」「融和促進講話」「水平社と連隊との懇談会」を訴えて連隊長と直談判しています。北原事件でも、たったひとりの二等兵にいいようにかきまわされています。敬礼もしない、軍紀も守らない、脱走はする……。そんな兵士を腫れ物あつかいする。いったい軍隊内でそんなことが許される国があの当時、世界のどこにあったことでしょう。

どんな国であれ、一兵卒がそんな振る舞いにおよぶことは考えられません。やくざだって北原のような傍若無人な行動には出なかったと思います。

私はかつて「兵隊にとられたやくざはどうでしたか」と、聞いてみたことがあります。それは五十何日かかけてヨーロッパ留学から船で帰ってきたときのことでした。貨客船ですから貨物と乗客がいっしょで、上部のいいところにだけ客室が三つ四つあって、一部屋はふたり住まいでした。私は名古屋付近の人と同室でした。

その人は戦前、兵隊として満洲にいたといっていました。五味川純平《ごみかわじゅんぺい》氏の小説『人間の条件』(三一書房)などの背景もよく知っていたので、私も興味があるものだから軍隊についていろいろ質問をしたわけです。そうしたら「やくざなんか体はヤワなんだ。軍隊に一、二年いた連中はべらぼうに強いから、やくざが脅そうが何しようが問題ではありませんでした」という答えでした。

それを思えば、北原二等兵の行動がいかに破格であったかがわかります。

ソ連やドイツだったらすぐ銃殺です。

また、それを問題にして部外で騒ぐ集団があったら、たとえそれが千人でも二千人でも皆殺しです。

昭和三十一年のソ連共産党第二十回大会の秘密会で、当時のフルシチョフ第一書記が有名なスターリン批判演説を行っていますが、それによればスターリンにさからったり、彼の気に入らなかった人間はみな銃殺されるか、シベリアの収容所送りになっています。その数は百万人単位であったとも、一千万人単位であったとも、いわれています。

フルシチョフ演説の一部を読んでみます(数字表記のバラつきは原文のまま)。

《確認されたことは、第十七回党大会で選ばれた党中央委員会の委員と候補《こうほ》一三九名のうち九八名、すなわち七十パーセントが（ほとんどが一九三七年から一九三八年にかけて）逮捕《たいほ》され、銃殺《じゅうさつ》されたということであります〔場内、憤激《ふんげき》の叫び〕。（中略）

このような運命をこうむったのは中央委員会のメンバーばかりではありません。第十七回党大会の代議員も同じ運命に出会ったのであります。決議権あるいは審議権を持っていた千九百五十六人の代議員のうち千百八人、すなわち明らかに過半数の人が反革命の罪で告発され、逮捕《たいほ》されたのであります。われわれが今見たように、このような事実そのものが、第十七回党大会の参加者多数に浴《あ》びせかけられた反革命の告発がいかに馬鹿《ばか》げていて、野蛮《やばん》で、常識に反するものであるかを物語っているのであります〔場内、憤激《ふんげき》の叫び声〕》（『フルシチョフ秘密報告「スターリン批判」』講談社学術文庫、志水速雄訳）

また、一九三七年には参謀総長以下八名が処刑され、その前年には幹部十六人が殺されています。こんなスターリン治下で北原二等兵のような振る舞いに出ようものなら……命がいくつあっても足りません。

しかし日本では、たったひとりの兵隊が「差別撤廃」を訴えてゴネはじめると、古兵だろうが軍曹だろうが、あるいは中隊長だろうが大隊長だろうが手も足も出せなかったのです。「戦前は軍国主義の時代だった」といいますが、この北原事件を見ていると、とてもそんなことはいえません。スターリン統治下のソ連こそ「暗黒時代」と呼ぶべきです。日本とソ連を比べたら、それこそ「天国と地獄」というべきでしょう。

とにかくあの時代に、日本陸軍がたったひとりの二等兵に手も足も出なかったということは驚くべきことです。日本は一兵士にゴネられると手も出せないくらい、それくらい優しい国だったのです。それはおそらく、あのころのデモクラシーの影響といえると思います。

部落解放運動の諸相

北原二等兵の行動は常軌を逸していました。それにもかかわらず、「無敵」をもって聞こえた日本陸軍が手も足も出せなかった。事なかれ主義が、北原二等兵の専横を許してしまったといえそうです。

もちろん部落差別は許されることではありませんが、戦後の部落解放運動も一時は北原二等兵の行動に似たところがありました。「言葉狩り」を行い、ちょっとしたことでも集団で行動を起こし、すぐ糾弾大会をひらきました。その恐ろしさがいかばかりであったことか、まだ記憶している人は大勢いると思います。

じっさい、彼らが動くとすべての者がビビった時代があったのです。左翼の岩波書店も例外ではありません。部落解放同盟がひとたび動けばもう打つ手はありませんでした。警察も手も足も出せない。あの時代の部落解放運動こそほんとうに「無敵」だったというべきです。

私としては、そういうことも「昭和史」のひとコマとして松本さんに書いてもらいたかったと思っています。

ある人の説によると――なぜ関西経済界が没落したかといえば、関西に本社があると部落解放同盟に押しかけられる恐れがあるので、東京に本社を移してしまったから空洞化してしまったのだといいます。それで東京集中が一挙に高まってしまったというのです。真偽はさておき、そんな説がもっともらしく受け取られる時代がありました。

私の知っているある企業も、「こちらに何も悪意がなくてもちょっとしたことで押しかけられるから……」とボヤいていたことがあります。それほど大きい企業ではありませんでしたが、やはりその会社も東京に移ってきてしまいました。

これは関西大学にいらっしゃった谷沢永一《たにざわえいいち》先生に聞いた話ですが、関大でも、被差別部落の人が「入学させてくれ」といってくると、ことわりきれない時期があったそうです。谷沢先生は、そういう要請があったときは共産党に伝えたといいます。すると、共産党が広報活動というか反対運動をはじめたというのです。

しかしそんな対症療法ではラチが明かない。ここは一番、抑える人が必要だということになって、関西大学の出身者で、しかも愛校心の強い本物の部落運動家を教授に入れることにしたそうです。そのときいちばん反対したのは、「おれは部落解放同盟と仲がいいんだ」といって、いつもしゃしゃり出てくる教授たちだったといいます。なぜ彼らが反対したかといえば、彼らの部落解放論が「メッキ」だったからです。

しかし、いざ「純金」が入ってきたら彼らもムチャなことはできない。そこで「純金」を入れる政策は非常に成功したそうです。「純金」教授も愛校心を先行させて良識的に対処したから、関大はその後、部落差別問題からは大幅に自由になったといいます。

じっさい、いちばん悪いのは被差別部落の名をかたる連中です。「エセ同和」「エセ部落」、これがいちばんタチが悪い。地方の土木の公共事業にもエセ同和が暗躍していた時期があります。とにかく、「被差別部落」という印籠《いんろう》を振りかざして無法なことが行われたり、汚職にちかいことが横行したことは、「宝島」という雑誌の一連の告発からもわかります。

「宝島」が「エセ同和」を告発したとき、私たちのやっている研究会では部落解放同盟の非常に有力な人をお招きして話を聞いたことがあります。そうしたら――「宝島」の告発記事の九割はほんとうでしょうね、といっていました。

私もかつて、夏休みをはさんで六か月間、「部落解放同盟」を名乗る連中に毎時間教室に押しかけられ、授業の妨害をされたことがありました。正確にはたしか「部落解放研究会」という名称だったと思います。

私も最初、彼らが本物の解放運動家なのかエセなのか、わかりませんでした。教室に入り込んできたり、廊下で待ちかまえていたりするから、それを押し分け押し分け教室に入って強引に授業をつづけたわけですが、ある日、代表だという男女ふたりから「直接話をしたい」といわれました。しようがない、研究室で話をしようといって、その申し出を受けました。「ただし、三十分だよ。三十分たったら警察に連絡するかもしれないよ」と付け加えました。

そのとき私はこういいました。「あなたがたがほんとうに被差別部落の人なら、私は腹を割って話したいことがある」と。私の育ったのは被差別部落のあまりない東北（山形県鶴岡市）ですが、被差別部落の人といっしょにアルバイトをしたことがあったり、いろいろな文献を読んだりしていましたので、ある意味では被差別部落問題についてわりとよく知っていたからです。そういうこともいおうかなと思って、「腹を割って話そうじゃないか」といったのです。

そこでまず私は、「君たち自身、被差別部落の人なのか」と聞きました。すると彼らは慌てて手を振って「いえいえ、ちがいますッ」というのです。「部落じゃありませんッ」というわけです。部落解放運動だといって私を糾弾しにきた本人たちが、あなたがたは被差別部落民なのかと聞かれると、「あわわッ、ちがいますッ」と、慌てて手を左右に振るのです。ふたりとも両手を振って否定する。だから私は、ああ、なるほど、こういうエセもいるから本物の解放運動家も迷惑をしているのだと思いました。

同和対策費は年々じょじょに減っていますけれども、地方自治体を含めると一時は六千億円までいったという話を聞いたことがあります。全私学助成金以上の額にのぼったこともありました。たしかに部落差別は問題です。しかしだからといって過剰に譲歩して、北原二等兵と岐阜六十八連隊のような関係になってしまうのも困るというのが私の考えです。

これは終戦間際のことですが、東北のある町でこんな事件が起ったと聞いたことがあります。

その町にある旧制中学の柔道部に被差別部落出身の青年がいたそうです。そこで彼は、被差別部落民だといって辱《はずかし》められたといいます。といっても、口で何かいわれた程度だったそうですが、それを耳にした被差別部落の屈強な男たちが棍棒《こんぼう》をもって柔道部に押しかけると、主将たちに殴りかかり、ひとりはほとんど廃人になってしまったというのです。

その話を聞いて私が不思議に思ったのは、そんな終戦前の昭和二十年に被差別部落に大勢の若者たちが残っていることでした。「一億玉砕」で、男も女もいっせいに駆り出された時代に、被差別部落の青年たちは徴兵されなかったのでしょうか。「北原二等卒の直訴」を読んだとき、そんなことも思い出したので確かめてみると、松本さんはこう書いていました。

《当時の（徴兵・渡部注）検査官の普通の考え方からすれば、北原のような運動をしている者を兵役にとることは避けるのだった。ところが、検査官は北原に対して逆手にでた。つまり、このような非国民こそ軍隊にとって徹底的に鍛えなおさなければならないと考えたらしい》

もっとも、北原二等兵の事件は昭和二年の出来事です。戦争も末期の昭和二十年もおなじような状況であったのかどうかは明らかではありません。

第６章 日本共産党の問題

【共産党】 戦前の日本共産党は、資金も指令もソ連の丸抱えであった。コミンテルンにいわれるがまま「天皇制打倒」と「私有財産の撤廃」を打ち出した。しかしそんなスローガンは日本では受け入れられない。党員数は最盛期でも四〜五百人であった。

彼らが武装するにおよんで当局は治安維持法（大正十四年）をつくって対抗した。戦後、治安維持法は稀代《きたい》の悪法のようにいわれているが、この法律で死刑に処された党員はひとりもいない。国家元首を倒そうという革命党に対してこれだけ寛大な国は当時、世界のどこを見渡してもなかった。

しかし共産党の組織自体きわめて脆弱《ぜいじゃく》で、組織中央に入り込んだスパイや宮本顕治によるリンチ事件（昭和八年）などによって自壊した。

初期共産党略史

『昭和史発掘』の「三・一五共産党検挙」、「スパイ〝M〟の謀略」はいずれも戦前の共産党の取締りに関する問題です。これも連載当時の読者にとっては大変興味のあるテーマでした。というのも戦前の共産党の動向はそれまで十分に報じられることがなかったからです。

しかし、いまは立花隆氏の『日本共産党の研究』が出ています。これは日本共産党の全貌《ぜんぼう》に迫った本で、この本が出てからは松本さんの記述はあまり価値がなくなってしまったといっても過言ではありません。

松本さんの論と立花氏の共産党史を比較して読みますと、立花氏のほうはそれこそ文藝春秋あげて調べあげたデータがびっしり詰まっていて、しかも「反・共産党」というか――共産党に同情を寄せない事実もたくさん入っています。ところが『昭和史発掘』のほうは共産党贔屓《びいき》ということもあってか、結果的に共産党に不利になるような情報はあまり書かれていないように思います。

大阪朝日新聞
夕刊
『日本共産黨』の大檢擧
全國にわたつて一千餘名
秘密結社の一大陰謀暴露す
起訴既に百九十名
日本共産黨事件の概要
山形縣下で秘密に創立大會を開く
議會へ黨員を
治安維持法違反として檢擧
スキーで名高い五色溫泉で密議
會合當日の怪しい光景
大阪では
昭和維新の
眞に痛

三・一五検挙を報じた当時の新聞

したがって以下の記述では、松本さんの『昭和史発掘』にのっとりながらも、適宜《てきぎ》立花氏の『日本共産党の研究』の成果や田中清玄氏（武装共産党時代の委員長）の自伝などを援用しながら、戦前の共産党の姿を浮き彫りにしたいと思います。

まず、日本共産党のアウト・ラインを押さえておけば――、

●党の創立は大正十一年（一九二二年）七月十五日。「コミンテルンの日本支部」として発足。委員長は堺利彦。

●ところが翌十二年六月、一斉検挙が行われ、さらに九月に関東大震災が起って社会主義者への弾圧がはじまると、幹部たちは「解党」を決議します。

●それに対して、冗談ではないと怒ったのがコミンテルンでした。——資金も援助しているし、第一、日本共産党は「コミンテルン日本支部」ではないか。勝手に解散などさせない、といって党再建工作を指示してきます。

●大正十四年一月から党再建活動がはじまりますが、路線をめぐって山川均の「山川イズム」と福本和夫の「福本イズム」が対立。

●大正十五年十二月四日、路線が対立したまま、山形県の五色《ごしき》温泉で再建党大会がひらかれます。「福本イズム」が主流となる。委員長は佐野文夫。

●翌昭和二年（昭和元年は大正十五年と重なります。したがって昭和二年は一九二七年）、モスクワのコミンテルン本部から幹部たちに呼び出しがかかり、佐野文夫、福本和夫、徳田球一、渡辺政之輔《わたなべまさのすけ》らがかけつけると、その席で福本イズムも山川イズムも否定され、いわゆる「二七年テーゼ」を押し付けられます。

●昭和三年三月十五日、共産党員検挙の「三・一五検挙」。

●昭和四年四月十六日、共産党員検挙の「四・一六検挙」。

ざっとこんな流れになります。

コミンテルン指令「天皇制廃止」

ここで重要なのは日本共産党が「コミンテルン日本支部」として発足したことです。これは何を意味するかといえば、日本の共産党には「自主性」がまったくなかったということです。資金も指令もすべてモスクワ（コミンテルン）に仰いでいたのですから、そのいいなりになるしかありませんでした。

資金をめぐっては立花氏がこう書いています。

《（共産党は）だいたい年間五万円から六万円貰《もら》っていた。現在の金にして二億円（いまならさらにその数倍の価値・渡部注）を越えたわけである。資金が潤沢《じゅんたく》なときはその潤沢さのために、窮迫しているときにはその窮迫のために、戦前の共産党はいくつかの不祥事を起こしている。

その最初のものが、近藤栄蔵（共産党創設メンバーのひとり・渡部注）の〝下関遊興事件〟だ。上海から帰国した近藤は、下関で東京行の急行を待つ間、料亭で芸者をあげて遊んでいるうちに二度にわたって列車に乗り遅れてしまう。頭にきて料亭で芸者と寝こんでいるところを、その金づかいの荒さにいぶかしがった警察に踏み込まれて逮捕されてしまうのである。大金の出所を追及されて、近藤は、某国人から政治資金として貰ったことを告白してしまう》（『日本共産党の研究』第一章）

もちろん、コミンテルンはカネを出すだけではありません。口も出しました。

コミンテルンが創設されたのはロシア革命二年後の一九一九年で、日本共産党は上記のように一九二二年（大正十一年）、コミンテルン日本支部として発足しています。このとき、日本革命のための綱領素案がつくられていますが、これが「二二年テーゼ」といわれているものです。項目は次のとおりです。

《天皇制の廃止。
貴族院の廃止。
現在の軍隊、警察、憲兵、秘密警察の廃止。
労働者の武装。
朝鮮、中国、台湾、樺太《カラフト》からの軍隊の撤退。

《天皇および大地主の土地の没収とその国有化》

一瞥《いちべつ》しただけで、これがいかに日本の現実を見ていないものであるかがわかります。「天皇制の廃止」「日本陸軍の撤兵」など、貧弱な一組織である共産党にできるわけがありません。しかも当時の日本において、天皇および皇族に対する罪は否応《いやおう》なく死刑となりました。それなのにコミンテルンが押しつけてきた綱領は「天皇制の廃止」や「天皇の土地の没収」をうたっていたのです。

当然、「天皇制の廃止」を表立って掲げることを躊躇《ちゅうちょ》する意見が出ます。当時の委員長・堺利彦もその意見でしたから結局、この問題は「審議未了」ということで棚上げされてしまいます。しかし、その後もコミンテルンは「天皇制の廃止」を訴えつづけ、一九二七年(昭和二年)に出された「二七年テーゼ」にも、つぎのような指令が記されていました。

《天皇は大土地所有者であるだけではなく、多くの株式会社および企業連合の極めて富裕な株主である。最後に、天皇はまた、資本金一億円の彼自身の銀行を持っている。

天皇制の廃止。

天皇、地主、政府および寺社の領地の没収》

こうしたきわめて攻撃的なテーゼが送られてくると、初期の大物たちは共産党を抜けていきました。堺利彦、山川均、荒畑寒村《あらはたかんそん》たちがそれです。このあたりの心理について松本さんはこう書いています。

《幸徳秋水以下十二名が殺されたのも、「大逆罪」にひっかけられたるが故だ。山川、荒畑といった人々の幸徳らの柩《ひつぎ》を見送った眼には、天皇制廃止問題となると、たじろがざるを得ないのである。主義と現実問題とがここで乖離《かいり》する》

もちろん、そうした心理もあったと思いますが、こうしたテーゼを読んで私がいだく感想のひとつは――共産党の手でテーゼにある「天皇打倒」が実現されたら、「ソ連がそれに取って代わって日本を支配しますよ」というメッセージだったということです。とにかくソ連は、軍隊も警察も拡大しながら、日本にはそれらの解体を求めているのです。自分たちの軍隊・警察が乗り込んでくるつもりであったことは明々白々です。「天皇、地主、政府および寺社の領地」を没収したら、それはコミンテルンが管理すると言い出すに決まっています。天皇の位置にはスターリンの息のかかった人間が坐るはずです。

この発想法はいまの中国政府とまったくいっしょです。自分のほうは毎年一〇パーセント以上の幅でどんどん軍拡をつづけながら、日本に対してはことあるごとに、「軍国主義復活の兆しが見える」だの何だのと文句をいう。まったくおなじパターンです。やはり共産主義政権のやることは基本的に変わらないのです。

中国はいま靖国神社参拝に文句をいっていますが、もし日本が中国に遠慮して靖国神社参拝をやめたら、つぎはきっと「天皇制の廃止」をいってくることでしょう。共産主義国家というのはそういうものなのです。

共産主義者と天皇制

天皇制の廃止に関しては、のちにフジ・サンケイグループをつくることになる「財界四天王」のひとり・水野成夫《みずのしげお》が「それは日本の実情に合わない」といって共産党を除名されています（昭和五年）が、彼の論はつぎのようなものでした。

《日本の君主制は皇統連綿と二千五百年続いたという歴史的事実。このスローガンは明治以後極めて成功した主権復古（水野）として国民大衆のなかに深くしみこんでいる。さらに皇室は古代から民族的信仰の中心となっていた。織田、豊臣、徳川が権力を奪取しても皇室に手をふれえなかったのはこの民族的信仰のためであった。そして皇室は経済的にも政治的にもその誕生以来権力と結びついていない。これが皇室とロシアのツアー等諸外国の君主制と決定的に異っている点である》(『転向』上巻、平凡社)

まさに至言です。こうした日本人の伝統をまったく無視して、皇室廃止を指令してきたところにコミンテルンの失敗がありました。

松本さんはこの問題について非常に面白いエピソードも紹介しています。堺利彦らが「天皇制廃止」を「審議未了」にして棚上げしたときの書記役を務めた高瀬清という人の話です。彼は大正十二年六月五日の共産党一斉検挙で市ヶ谷刑務所に送られました。そして勾留《こうりゅう》されてから、自分が書いた議事録が証拠物件として押収されたことを知ります。

そこで俄然《がぜん》不安にとらわれます。議事録には「君主制廃止」の討議については一字一句書き記さなかったはずだけれども、その記憶に急に自信がなくなってしまうのです。もし記していたら……全員が死刑になってしまう。

そこで高瀬は予審判事に強談判《こわだんぱん》して、押収された議事録を見せてもらうことにしたといいます。

《もしも、君主制問題が書いてあったら、自分初め全部の人々が死刑になる。これはエライことになると思うと、どうしても読めない。口実を設けて、その日はやめてしまった。次回にもやはり読めなかった。

三回目になった。この間、約三日というもの、高瀬は煩悶《はんもん》し、夜もまったく眠れなかった。しかし、もう、これ以上読まないわけにはいかない。仕方なく恐る恐る自分の書いた議事録に眼をやると、……》

書いてなかった！　それでやっとその夜眠れたというのです。

松本さんは《そのくらい天皇制は共産主義者を悩ましたのである》とつづけますが、ここからも、日本の左翼が死刑をきわめて恐がっていたことがわかります。

これは、ほかの国の左翼が死刑など当り前という気持ちで反体制運動をしていたのと顕著な対照をなしているのではないでしょうか。もちろん称賛するつもりなどこれっぽっちもありませんが、いまもイスラム過激派は身を挺《てい》して「自爆テロ」を敢行し、自由主義社会に恐怖をつのらせています。それに対して高瀬をはじめとする共産党員の姿勢は……。日本の共産党運動にはある意味で甘えがあったのです。つまり死に物狂いではなかった。

あるいは、こういうべきかもしれません。死に物狂いになるほど日本の大正時代は悪くなかったのだ、と。

大正時代の明るさについて

大正時代には、第一次大戦後の好景気のリアクションとしての不景気はありました。また、現在の日本のように高度経済成長の時代を経て、さらに成熟した時代ではありませんから、貧しいところは探せばいくらでもあったでしょう。しかしそれは世界中にあった問題です。あのアメリカでも、当時は靴も履けない貧乏な人々が大勢いたのです。

世界中で二千万部売れたという大ベストセラー『積極的考え方の力』（ダイヤモンド社）というポジティブ・シンキングの本を書いたノーマン・ヴィンセント・ピールという牧師がいます。その人の伝記を読んでびっくりしたのは、彼はアメリカのミッドウエストあたりで育った人ですが、子供のころは履く靴がなかったというのです。当時はアメリカでもそうだったのだから、日本では貧乏など探せばいくらでもありました。いまだって、日本は豊かだといわれますが、ホームレスはいくらでもいます。

国際的に見て、その貧乏がどの程度のものであったかを考えなければ時代の判断を誤ることになります。

その意味でいえば、大正時代はけっして悪い時代ではありませんでした。むしろ、刻々として日本の中産階級が膨れあがってきた時代です。それは、明治のころには書かれるはずもなかったような小説が登場したことからもわかります。わかりやすい例をあげれば、佐々木邦《ささきくに》の一連の小説です。大正デモクラシー前後の小説で、全部中産階級を舞台にした物語です。しかもユーモアがありました。たとえば、こんなふうです。

《次男坊の正晴君はこの物語の主人公になるぐらいだから、惣領《そうりよう》の玉男君とは違っていた。玉男君は極《ご》く温順で可もなく不可もない。現に陸軍予備少尉、青年会長、消防組小《こ》頭《がしら》なぞと数々の名誉を荷《にな》って、茂作老人を補佐している。正晴君に至っては東奔西走、滅多に郷里へ寄りつかない。なまじ主義主張がある丈《だ》け厄介だ。行く先々で問題を起す。荀《そもそ》もの初め、生れ落ちる前からして唯事《ただごと》ではなかった。

「あなた、どうも今度は変ですよ」

とお母さんは心配した。それでいつもより早めに産婆に見せると、

「これは私の手一つじゃむずかしゅうございます」

とあった。俗にいう逆《さか》さ子《ご》で、打っちゃって置くと足から先へ生れる難物だ。しかし何《ど》うすることも出来ない。産婆が揉《も》んで位置を直しても、一日二日で又旧《もと》の逆に戻る。茂

作さんは近くの町の産科院長に頼んで、催《もよお》しのあり次第来て貰うことにして置いた。ところが生れそうでナカ〳〵生まれない。下男が町へ駈《か》けつける。院長さんが村へ乗りつける。産婦はもうケロリとして、

「不思議でございますよ。先生がお見えになるとお腹の痛みが止まってしまいます」と気の毒がる。こんな騒ぎを幾度も繰り返させた後、正晴君は油断を見澄《みす》まして突如《いきなり》呱々《ここ》の声を揚げた。産婆さえ間に合わない。而《しか》も至極安産だったのは、いざという場合にクルリと方向を転換して、規則通り頭から生れたのである。君子豹変《くんしひょうへん》、正晴君は今日でも縷々この手を応用する。生来《しょうらい》だ》(『次男坊』昭和二年、佐々木邦全集二巻)

こんな明るい小説は明治時代には出てきません。やはり大正デモクラシーを通り抜け、そして中産階級が勃興してきた大正末年から昭和はじめでなければ登場しない小説です。

モスクワで批判された福本理論

そんな時代にありながら、日本の体制を転覆させようと、ひそかに運動をはじめたのが共産党でした。すでにふれたように、そこでは「山川イズム」と「福本イズム」、ふたつの路線が対立していました。松本さんの要約によればつぎのとおりです。

《山川派が、きびしい弾圧のもとでは急進的な党活動はできないから、党を解体して合法的な協同戦線党だけを作るべきだと主張したのに対し、福本派は、当時の金融恐慌などにみられるように、日本の資本主義は全く行き詰ったとして、少数の急進主義者によって革命が行えるという一種の極左主義を展開した》

いつの時代でも、勇ましい意見が穏健的な意見を圧倒するように、このときも山川イズムを「右翼日和見主義《ひよりみしゅぎ》」と決めつける福本イズムが主導権を握るようになります。

福本和夫の文章はきわめて難解で、かえってそれが世のインテリたちの人気を博したという側面もあったようです。何をいっているのか、何が書いてあるのか、まったく珍紛漢《ちんぷんかん》紛《ぶん》の悪文が、それゆえにかえってもてはやされるという風潮はすでにこのころから兆《きざ》していたわけです。

福本理論は「分離と結合」論と呼ばれていました。簡単にいえば――共産主義運動を実りあるものにするには、まず右翼的分子や日和見分子を「分離」し、そののち純粋な分子だけが「結合」しなければならないというのです。いいかえれば、マルクス主義的な戦闘は自覚あるヴァンガード（前衛）が導くのだという主張です。それを難解な言葉で綴ったのが福本理論でした。

しかしこの福本理論も実際には機能しなかったようで、のちに武装共産党（昭和五年）を指導した田中清玄氏は「清玄血風録・赤色太平記」（昭和五十一年「月刊現代」に連載）でこう酷評しています。

《徳田球一など大いに〝福本イズム〟の旗を担ぎまわったものである。しかし、実際には党内にセクト主義や分裂主義を産み、つまり「分離」ばかりで「結合」が見られず、コミンテルンの「二七年テーゼ」が発表されるや、あっという間に雲散霧消してしまったのである》（第一回）

本章のはじめに記したように昭和二年、佐野文夫、福本和夫、徳田球一、渡辺政之輔といった当時の共産党幹部たちはコミンテルンから呼び出され、雁首《がんくび》をそろえてモスクワ入りしています。するとその席で、福本理論は完膚《かんぷ》なきまでに批判されたといいます。この理論はインテリ重視で労働大衆から遊離している、こんなことでは革命など起せない――というのが批判の根拠でした。

福本もモスクワへ行って怒られると、いっぺんに引っくり返って自己批判をしています。のちに福本氏自身、「モスクワへ行ってみたらいつ殺されるかわからないような雰囲気で、恐くて反論も何もできなかった」という意味のことを書いているのを読んだ記憶がありますが、立花氏も石堂清倫《いしどうきよとも》・五味川純平編『思想と人間』（角川書店）から、以下のような福本インタビューを引いています。

《――わたしども後輩は、何でそのとき福本先生が、たとえ少数であっても、論拠を明らかにされなかったかという気持ちがあるんです。

福本 ところが、あそこで一人あくまで抵抗したら、ぼくは命を落とさなきゃならない。

―― 向こうに抑留されたかもしれないね。

福本　おれは抑留されて消されてますね。
――そういう空気でしたか。（中略）
福本　そう思いました。そうなると思う。
――その時点で……。
福本　ええ、おれはそういうことで命を落とすのは、ばからしい》（第三章）

当時のソ連は平気で人を殺しましたから、福本氏の恐怖もわからないではありませんが、しかしこのエピソードからは、当時の日本共産党が日本の政党ではなくて、いかにコミンテルンの操り人形であったかということがよくわかると思います。じっさい、日本共産党の歴史をずっと見ていくと、情けないほどモスクワのいいなりです。もっとも共産党の正式名称は「コミンテルン日本支部」だったのですから、それもムベなるかなという気もしますが……。

武装する共産党

モスクワから「二七年テーゼ」をもらってきた共産党は、それまでのインテリ中心の運動から労働者、農民を巻き込んだ闘争へと、路線をシフトさせています。松本さんの要約によればつぎのとおりです。

《いうなれば、この二七年テーゼは、日本共産党内におけるインテリ分子を追出し、労働分子を復帰させたのである。（中略）

その要項の全部をここに紹介する余裕はないが、大体をいえば、日本は全アジアにおける第一級の帝国主義国になったとその性格を決め、同時に、日本国内資本主義の矛盾はブルジョア民主主義革命から社会主義革命にすすみうる客観的条件を備えていると判断し、その推進力としては、プロレタリアートと農民、とくに貧農が重要であると説く。

共産党は闘争するプロレタリアートの前衛であり、党なくしてはプロレタリア独裁のための闘争はあり得ないとし、……》

①天皇制の廃止、②天皇、地主、政府および寺社の領地の没収、③議会の解散……といった過激な目標を掲げるようになりました。

それとともに「武装化」も進みます。「二二年テーゼ」にもすでに「労働者の武装」という項目がありましたが、そもそも日本共産党の背後にいるコミンテルンが「暴力を使うべし」という立場ですから、党の幹部たちは全員拳銃をもって警官に抵抗するようになります。

前記・田中清玄氏も《全国で共産主義者による官憲殺傷事件が七十件を数えている》と記しながら、おもな殺害事件を挙げています（連載第六回）。それを補足しながら、「官憲殺傷事件」のあらましを紹介しておけば――、

●党中央委員の三田村四郎＝昭和三年十一月、浅草の潜入先へ逮捕に向かった高木信平巡査部長に発砲。同巡査部長はその後、死亡。

●党書記長の渡辺政之輔＝昭和三年十月、台湾の基隆《キールン》で基隆警察署の与世山《よせやま》刑事に不審をいだかれ、署に同行を求められた途中、発砲。刑事を射殺。その後、自分も短銃自殺。

●党和歌山県地方責任者＝昭和五年、逮捕に向かった根本刑事を短刀で刺殺。

●党書記長の宮本顕治＝昭和八年、スパイ容疑で小畑達夫《おばたたつお》を査問、リンチ殺害。

●党中級幹部の岸勝＝昭和十二年、熱海の党集会を襲われたとき、短銃で刑事を射殺。

●中級オルグの村上多喜男《むらかみたきお》＝朝鮮人党員の尹《ユン》をスパイ容疑で射殺。

このほかにも昭和三年十月三日、警察官が、党幹部のひとりである国領伍一郎《こくりょうごいちろう》の隠れ家へ逮捕に向かったとき、国領は二階から姿をあらわすと、「撃つぞ、撃つぞ」と叫んで引金を引いています。しかし何度撃っても弾丸が出ない。そのためうまく取り押さえること

ができたという事件があります。もし不発でなかったら、警察官に犠牲者が出ていたことは確実です。

また、田中清玄氏が委員長をつとめた武装共産党時代には、《拳銃百挺、機関銃十挺を調達》(連載第一回)したといいます。

こんなふうに共産党の闘士たちはみな銃をもっていたのです。

ところが日本の警察は、相手が拳銃をもっているからこっちも撃つ、といった乱暴はしません。逮捕が第一、という姿勢です。したがって、当時としてはカネのかかる防弾チョッキを着込んで逮捕に向かったものでした。非常に紳士的だったというべきです。しかしそれだけに、与世山刑事や高木巡査部長のように殺されたり、重傷を負って廃人になったりする人も大勢いました。そんな同僚の姿を見ているわけですから、勢い、警察での取り調べが手荒になる場合もあったことでしょう。先に触れた作家・小林多喜二のケースなど、そのひとつだといえます。

治安維持法で死刑はひとりも出なかった

共産党のこうした動きに応じてつくられたのが治安維持法でした。

最初につくられたのは大正十四年(一九二五)、加藤高明内閣のときのことです。それまでは日本政府もまだ、ソ連の世界政策の恐るべき全貌をよく知らなかったといえます。

ただし前述したように、最初につくられた治安維持法に死刑はありませんでした。昭和三年（一九二八年）、田中義一内閣のときの改正で最高刑が死刑になりました。このころになると、ソ連が何を企んでいるのか、コミンテルンが何を意図しているのか、また日本共産党が何を狙っているのか、そのあたりがだんだんはっきりしてきたからです。すなわち、天皇を無くそうというのが第一目標だということがわかってきたので、日本政府としても対策を迫られ、昭和三年の改正で治安維持法に「死刑」を入れることになったのです。

このあたりの解釈について松本さんは、

《のちの田中内閣によってこの治安維持法がさらに改正され、死刑を含む重刑になるのだが、この背景には満州と中国東部侵略計画の進行がある》

と書いていますが、私には納得がいきません。

やはり、敵（コミンテルンや日本の共産党）の恐るべき姿がしだいにわかってきたから日本政府も対抗措置を取るようになったのだと解釈するのが、日本人としてはふつうではないでしょうか。

しかも松本さんの論は、治安維持法で死刑になった人はひとりもいなかったという重要な面に一言もふれていません。

そうなのです、治安維持法で死刑になった共産党員はひとりもいませんでした。これこそ、日本という国の特色というべきでしょう。元首の地位を奪おうという大逆罪に対してすら、取締りと司法の現場では死刑を適用していません。そんな穏健な姿勢が日本の風土にはあったのです。そしてそれが日本の国柄《くにがら》となっていたのです。

こう書くと、すぐ小林多喜二の名や『日本資本主義発達史』（岩波文庫）を書いた共産党委員長・野呂栄太郎《のろえいたろう》の名を出してきて、「彼らは治安維持法で殺されたのだ」という反論が飛び出します。しかし野呂栄太郎は重症の肺結核でしたから、どこにいたって死んでいたのではないでしょうか。たまたま獄中で病状が悪化して北品川病院に運び込まれ、そこで死んだというのが事実関係のすべてです。また小林多喜二が取調べの最中に死んだことはたしかですが、死刑になったわけではありません。取調べにあたった築地署の係官も殺すつもりなどなかったはずです。

繰り返せば、昭和三年の改正以降、治安維持法には「死刑」の条項があったのです。したがって合法的に死刑を宣告し、合法的に死刑に処すこともできました。それなのになぜあえて死刑を適用せず、世間から指弾を受けかねない「虐殺」を行う必要があったというのでしょう。

重要なのはあくまで——死刑になった共産党員・アナーキストはいなかった、という点です。

本章で何度か言及した田中清玄氏は武装共産党を指導し、逮捕され、そして転向した元幹部ですが、その『清玄血風録』の連載のなかでこう書いています。

《共産党を非合法化した国で、死刑が一人も出なかったのは日本だけだ。韓国、北朝鮮、中国、共産ロシアで、われわれのような激しい反体制活動を左右を問わずやって見ろ、すぐ逮捕、そして銃殺だ》（第六回）

《だれが「治安維持法違反の犯人、つまり日本共産党員から一人の死刑をも出さない」という最高方針を決めさせたのであるか。（中略）当然「人」が吾々を死刑から救ってくれたのだ。（中略）自由主義的かつ国際的視野と知識を持った中堅・若手の検事団であったのである》（同上）

田中氏の記述によれば、田中義一首相や革新将校、その尻馬に乗る右翼は、国体護持の立場から共産党員の大量死刑を申し入れてきたこともあったそうです。しかし、「治安維持法からひとりの死刑も出さない」と申し合わせてきた検事団は、そうした要求をすべて撥《は》ねつけたといいます。

日本は進んだ国だった

大正末期から昭和初期にかけての時代、日本がいかに進んでいたかは、治安維持法ができたのとおなじ時期（大正十四年）に普通選挙法が実施されていることからも明らかでしょう。周知のようにこれは、二十五歳以上の成年男子には富（納税額）に関係なく選挙権を与えるというものでした。

女子はまだここにはふくまれていません。しかしそれは不思議でも何でもありません。徴兵制のある国では、兵役の義務を負っている男子にまず選挙権が付与され、女性に対する選挙権付与は遅れるのがふつうだからです。たとえば、徴兵制が敷かれているスイスなど、女子の選挙権が認められたのはなんと一九七一年になってからです。いまからわずか三十年前。日本で女子に選挙権が与えられたのは昭和二十年、すなわち一九四五年ですから四半世紀も遅れています。

このように徴兵制の敷かれていた国としては、日本はいちばん進んだ民主主義国でした。外国から催促もされずに、自発的にそこまで進んでいたのです。こうした点は、歴史を語るとき非常に重要なポイントになるはずですが、松本さんはこのあたりのことについては少しもふれません。戦後の進歩的文化人と同様、松本清張氏はどうも日本のいい面・進んだ面を認めることはあまりお好きではなかったようです。

しかし当時の日本が、ほかの諸国と比べてかなり進んでいた、少なくとも遜色《そんしょく》がなかったことは、私のこれまでの叙述からも明らかだと思います。

日本共産党のメンバーがはじめてコミンテルンに出席した大正十一年（一九二二年）、ソ連きっての理論家といわれたブハーリン（のち、スターリンによって粛清される）から日本共産党の行動綱領として、

①君主制の廃止
②普通選挙権の獲得
③言論・出版・結社の自由
④天皇、大地主および社寺の土地の無償没収およびその耕作農民への分配

といった課題を掲げた草稿を手渡されておりますが、私などがいまこれを見ると、「何を寝惚《ねぼ》けたことをいってるんだ」という思いがします。

①の「君主制の廃止」は論外ですが、②の「普通選挙権の獲得」はこの三年後に実現しています。③の「言論・出版・結社の自由」にしても、いまほど完全ではないにしろ、こ

のころすでに日本では実現されていました。

つまりブハーリンのテーゼは、当時の日本においてすでに実現されているか、あるいは実現させてはいけない問題を指摘しているだけのことでした。何を寝惚けたことをいっているのだと思うのも当然でしょう。

④の「天皇、大地主および社寺の土地の無償没収」は戦後、占領軍の手によって「農地改革」として実施されますが、すでに戦前その萌芽はありました。

とすると、たいていの改革は当時の日本では実現されてしまっていたということになります。その時代にあって、日本の社会がいかに進んでいたか、諸外国と比較してもいい社会であったことはたしかです。共産党の活動はむしろ、当時としては優れていたそうした日本社会をあえて混乱のなかに叩き落とそうとしただけではないのか――としかいいようがありません。

共産党リーダーと青年将校

ひと言でいえば、当時の日本共産党のメンバーはあまりにも未熟だったということになります。社会主義とか共産主義、あるいは理想の社会、そうした虚構（フィクション）を夢見て、日本の現実を見つめるリアリズムがなかったから、世界制覇をもくろむソ連のコミンテルンにいいように操られてしまったのです。

じっさい彼らは若すぎたのかもしれません。ここで主だったメンバーの昭和元年における年齢を調べてみると、つぎのとおりです。

●佐野学＝三十三歳
●田中清玄＝十九歳
●徳田球一＝三十一歳
●野坂参三＝三十三歳
●福本和夫＝三十二歳
●宮本顕治＝十七歳
●渡辺政之輔＝二十六歳

いずれも二十歳から三十代前半といったところです。松本さんもこう指摘しています。

《当時の幹部党員はみな若くいずれも二十四、五歳くらいだ。血気《けっき》な上に、自分たちによって革命をなしとげるという英雄的心理にも駆られていた。安政の大獄でやられた幕末の青年志士たちも同じような血気で行動した》

面白いのは、彼らとほぼおなじころ、日本を動かそうとしていた青年将校たちもだいたいおなじような年齢だったことです。一例として、二・二六事件（昭和十一年）のおもなメンバーの事件当時の年齢を記しておきます。

- ●安藤輝三《あんどうてるぞう》＝三十一歳
- ●磯部《いそべ》浅一《あさいち》＝三十歳
- ●栗原安秀＝二十七歳
- ●中橋基明＝二十八歳
- ●西田《にしだ》税《みつぎ》＝三十四歳
- ●村中孝次《むらなかたかつぐ》＝三十二歳

左の共産党メンバーも、右の青年将校たちも、彼らはみなそれぞれ「明治維新」を頭に描き、「維新の志士」を気取っていたのではないでしょうか。

維新のとき、伊藤博文は二十七歳、大久保利通が三十六歳、西郷隆盛は四十歳、そして坂本竜馬が生きていれば三十三歳……。やはり同年代です。

左翼はさすがに「維新」とはいいませんでしたが、青年将校たちは「昭和維新」を叫びました。自分たちが竜馬に、あるいは西郷隆盛になったようなつもりで、日本を改革しようという意気に燃えていたのだと思います。

右であれ左であれ、彼らにある種の「正義の念」があっただろうことは私も否定しません。しかしながら彼らの本音を探っていくと、ぎりぎりの本心は——偉くなりたい、ということだったのではないかと思えてしまうのです。

維新の志士は一挙に徳川幕府を引っくり返し、明治政府をつくりました。そして自分たちが天下を取りました。それと同様に、共産党のグループはブルジョワ政権を倒して自分たちの手で労働者と農民の政府をつくり、その上に自分たちが君臨したいと思っていたはずです。青年将校たちも、ダラ幹、高級軍人や資本家の政権を全部引っくり返して自分たちの軍事政権をつくるんだ……というわけですから、左右とも構図はまったく変わりません。

もし差があるとすれば、維新の志士たちには革命後のヴィジョンがあったけれども、昭和の志士たちにはそれが欠けていたということでしょう。

立花氏が『日本共産党の研究』で詳述しているとおり、初期の日本共産党は特高《とっこう》の掌《て》の上で踊らされていましたが、それもともとはといえば彼らに組織論もなければ運動論もなかったからにほかなりません。

ちなみに「特高」とは内務省官房に設置された部署で、正式には特別高等警察部といいました。初代部長は「最後の内務大臣」として有名な安倍源基《あべげんき》、そのときの左翼担当係長が毛利基《もうりもとい》でした。

この毛利係長（のちに課長）について、松本さんは《まるで特高警察のために生れたような男》《毛利の手腕はほとんど天才的であった》（「スパイ〝M〟の謀略」）と評しています。じっさい彼は共産党の動きを完全に把握して、党幹部を泳がせたり、スパイを送り込んだり、いいように共産党をもてあそび、壊滅にもってゆきました。若さと血気だけの初期共産党が《天才的》な毛利課長によって、赤子の手のようにひねられてしまったのは当然の結果というべきでしょう。

『昭和史発掘』の欠落はどこに由来するのか

それにしても松本さんの筆は、相手が共産党になると甘い甘い……といわざるをえません。

たとえば、初期共産党には高橋貞樹という理論家がいました。この人は『被差別部落一千年史』（岩波文庫）を書いています。被差別部落出身の人ですが、『昭和史発掘』に出てくる略歴を見ると、松本さんはそれにはふれません。たんに《中流の家庭に生まれ》《秀才で、語学もでき、……》と書くだけです。

戦前の共産党の構成メンバーとしては、被差別部落の出身者ということはかなり重要な意味をもっていたはずなのですが、そこを書きません。だから松本さんは、しいてそれを隠しているのではないかという感じがしてしまうのです。

同様のことは山本懸蔵《けんぞう》という幹部についての記述にも感じました。

彼は「山懸《やまけん》」と呼ばれて仲間から親しまれていた人物です。昭和三年の「三・一五検挙」のときは結核にかかっていたため、自宅監視になっています。そこで重病患者の痰《たん》を手に入れ、教科書どおりに末期患者の症状を演じたので監視もゆるくなったといいます。するとその隙をついて、ヒゲを剃《そ》り、窓から路地へすべり降りて追っ手がこないのを知ると、一流理髪店で整髪をしてからモスクワへ逃げた……というエピソードの持ち主です。

《彼の肺病は以前からのもので、このときモスクワに入ったまま、ついに、その地で病死している》

松本さんはそう書いていますけれども、彼はじつはスターリンによって粛清されています。松本さんはそれを「病死した」とボカしているのです。『昭和史発掘』が発表された当時の日本共産党は「ソ連寄り」でしたから、ソ連に遠慮する日本共産党の意見がそのまま松本さんの記述に反映されたのだとしか、私には思えません。

以前、山懸という名前は私の知識にはほとんど入っていませんでしたが、何人かのメンバーといっしょに田中清玄氏と話をしていたとき、「山懸」という言葉が出ると、田中氏が突然カッとなって「山懸はどうしてスターリンに処刑されたんだ！」と怒り出したので、その名がとくに記憶に残るようになりました。そのときの田中氏の怒りはまさに本物の怒りでした。ああいういい男を処刑するとは、スターリンは絶対に許せない！　といった迫力がありました。

そこで今度『田中清玄自伝』を読み返してみると、こんなくだりが出てきました。

《あろうことかその山懸を、野坂はソ連スターリン一派に売った。問題はそれなんだよ。野坂はそういう人間だ。共産党ってそんなもんだ。人格なんかあるもんですか。自分らの出世と存在のためには何でもやる》（第一章）

ここに出てくる「野坂」とは、戦後の日本共産党委員長・野坂参三です。

山本懸蔵はモスクワでスターリンに疑われ、スパイ容疑で銃殺されたわけですが、一九九二年（平成四年）になってそれが、同時期にモスクワにいた野坂参三（岡野進という偽名を使っていた）の密告によるものであったことが判明しました。そして野坂は党を除名されたのです。

したがって『昭和史発掘』の執筆当時、松本さんも「野坂の密告」の一件は知らなかったはずですが、「山懸処刑」のほうは耳に入っていたと思います。それを「病死」と書くのは、いささかソ連や日本共産党に遠慮のしすぎではないかと思います。

宮本顕治のリンチ殺人については立花氏の詳細なレポートがありますが、田中清玄氏もこう記しています。

《宮本は、小畑達夫をスパイ嫌疑で査問しただけであって、リンチを加えたのではない、小畑は、査問のショックで死んだのであると子供だましの詭弁《きべん》を弄《ろう》して、戦後の何も知らぬ評論家や、進歩的文化人を誤魔化しているが、われわれのような非合法時代の、地下運動を専門的にやってきた革命家には通らない。（中略）

非合法時代にスパイであったら、殺すか、あるいは日本に帰れぬ場所（例えばシベリア等）に送る以外に方法はないではないか。（中略）

宮本はなぜ、男らしく党の書記長として、小畑に対するリンチは全て自分の責任であり、彼の死は自分らのリンチの結果である、とはっきり言明しないのか》（『清玄血風録』第五回）

この大きな問題についても、松本さんは沈黙したままです。本書の冒頭にも記したように『昭和史発掘』は記念すべき力作だけに、松本さんの共産党への遠慮に由来するこうした欠落は残念でなりません。

日本の「穏やかさ」

以上、初期共産党の実情を見てきましたが、では当時の党員はどれくらいだったのかといえば、ざっと四百人前後にすぎませんでした。

それでも第一回の普通選挙が行われたとき（昭和三年二月）、共産党は合法的な政党・労農党の候補者という隠れミノを使って十一人候補者を立てています。当然、「全員落選」という結果に終わりましたが、それにしてもなぜ十一人も立候補させることができたのか。いうまでもなく、これもコミンテルンから豊富な資金提供があったからです。

まず、幹部・鍋山貞親《なべやまさだちか》が二千ドル、ついで河合悦三が数千ドル、さらに鍋山と市川正一のふたりが一万ドルもらっています。合わせれば約一万五千ドル内外。当時の交換レートは一ドル二円でしたから約三万円。米価の変遷を利用して換算すると、現在の四千五百万円に相当します。このカネで選挙運動をしたのです。

それにしても、たった党員四百人程度の勢力で日本に革命を起そうというのは、なんとも無茶な話でした。党員のほかにシンパが多くいたということを別にすれば、日本を乗っ取ろうとしたオウム真理教（平成七年）と似たようなものではありませんか。

しかも、この選挙のすぐあと「三・一五検挙」（逮捕者は党員、シンパを合わせて千数百人）があり、翌四年には「四・一六検挙」（逮捕者七百人）がつづき、共産党組織はほぼ壊滅してしまいます。

そして昭和六年六月二十五日から、逮捕された党幹部たちの裁判がひらかれています。このとき被告たちは裁判の公開を要求しました。

《その主張するところは、この公判を通じて国民に対し、党の真の姿を闡明《せんめい》する必要がある、世間に流されているデマによってわれわれの目的の真の正しさが歪《ゆが》められているから、この際これを正したいというのであった》

と、『昭和史発掘』は書いています。

すると裁判所側も、審理を円滑に進めるためにそれを認めたのです。ただし、君主制の廃止、国体の変革、私有財産の撤廃などにかかわる代表陳述は禁止すると、釘を刺すことは忘れませんでした。そしてそれ以外の陳述はすべて許しています。もっと注目すべきは「被告者会議」まで認めていることです。被告同士、相談してもいいというのです。じつに穏やかなあつかいです。

何度もいいますが、これとおなじようなことがソ連で起ったらどうなったか。被告たちに相談させることなど考えもつきません。いやそれより、裁判が行われたかどうか……。さっさと銃殺してしまったのではないでしょうか。

さて、公開裁判で彼らが訴えようとしたことについては、松本さんが代弁するかのようにこうまとめています。


《①いかに自分たちが労働者・農民の前衛として闘っているか。②共産党は国賊でも何でもない。ブルジョア独裁を覆《くつがえ》し、プロレタリア独裁を目的とする政党であること。③国際主義の主唱、すなわち労働者には祖国はなく、世界のプロレタリアが祖国で、その前衛はソビエトロシアにある。ロシアのコミンテルンこそ世界労働者の幸福をもたらす世界革命の最高司令部であること。④社会ファシスト解党派は労働者の味方ではなく、ブルジョアの手先である。共産党のみが労働者の味方であること。⑤この裁判は階級裁判でありブルジョアの利益を守るが、労働者の利益は決して擁護《ようご》するものではないこと、

などだった》

ソビエト・ロシアの指導のもとにブルジョワ独裁体制を倒し、プロレタリアの楽園をつくるのだという革命演説もふくめ、新聞は連日、裁判のようすを報道しています。すると被告のほうもだんだん、日本はそれほど悪い国ではないのではないか、と思うようになったようです。

多くの党員は「クートベ」（東方労働者共産主義大学）という、ロシアの共産主義学校のようなところへ行っています。そこでスターリン治下の全体主義体制を体験していますから、日本のほうがいい国なのではないかと、つぎつぎと転向がはじまりました。佐野学、鍋山貞親、三田村四郎、高橋貞樹……。さすがの松本さんもこう書かざるをえません。

《このような弾力性のある裁判の仕方が、のちに転向者を出す誘因にもなった》

こうして見てきますと――「悪法」といわれる治安維持法ですが、それによって共産党員が死刑に処された事実がないばかりか、裁判では、治安維持法で逮捕された被告たちの会議まで許しているのです。そうした日本の「穏健さ」「許容度」はもっと強調されるべきでしょう。それが昭和初期の事実（真実）だからです。

スパイMの正体

『昭和史発掘』では共産党に関して、「スパイM」の事件も大きく取りあげられています。

この事件は、東京・大森で銀行強盗事件を起したり、警察当局に党員を売ったりして共産党を潰滅に追い込んだ党幹部の「スパイM」をめぐる事件です。文庫版『昭和史発掘』で数えると約百八十ページ分、じつに延々と書き込まれています。

スパイMというのは、変名を「峰原」から「松村」に替え、クートベに留学（昭和二年～昭和五年）したときは「ヒヨドロフ」というロシア名を使い、帰国してからは党内で「Mさん」と呼ばれた男です。いろいろな名前をもっていますので、ここではいちばんよく知られている「松村」という名を使います。

松村は昭和六年ごろから、それまでの幹部たちがいなくなった党内で力をつけ、党の運営を取り仕切るようになります。ところがその実体は、《まるで特高警察のために生れたような男》毛利課長（前記）の手先でした。したがって共産党にとっては悪魔のような男だったわけですが、当局のスパイであることを見抜かれずに党を操ったという点ではきわめて有能な人物だったようです。

しかも、松村の正体は長く明らかにされてきませんでした。実名すらわかりませんでした。その謎に松本さんが挑んだのがこの「スパイ〝M〟の謀略」です。

松村は憲兵だったのではないかという説がありました。松本さんはその説を、それこそ推理小説のように検証していき、憲兵ではなかったと結論しています。そして彼の本名が「飯塚盈延《いいづかみちのぶ》」ということも突き止めます。このあたりはさすがというべきです。そして、こんな記述がつづきます。

《また、（松村＝飯塚は・渡部注）中蒲原郡《なかかんばらぐん》の出身だというので、そこを中心に新潟全県の市町村に当ったが、飯塚盈延に該当する戸籍名は無いという回答であった。私としては、もし彼が中蒲原郡の人間だとすると、同郡には村松町がある。仮名の「松村」は、この「村松町」を逆にしたのではないかとも想像するが、もちろん根拠はない》

《生きているとすれば、彼はどこで私のこの文章を読んでいるであろうか》

なにやら名作『砂の器』（新潮文庫）でも読んでいるような、ちょっと思わせぶりな一節ですが、立花氏の『日本共産党の研究』（第九章）が出るにおよんで、松村の生い立ちや彼のその後の足どりも明らかにされ、『昭和史発掘』のこの部分はほとんど読むに値しなくなってしまったというのが率直な評価です。

銀行強盗事件から共産党の影を消そうとする清張氏

松本さんの「スパイ〝M〟の謀略」は、昭和七年十月六日に起った大森の「川崎第百銀行大森支店」の銀行強盗事件から書き起されています。そしてこの事件をタテ糸に、松村の正体の追跡をヨコ糸にして、稿は進められます。

私はここにこそ、松本さんがなぜ「スパイM」を取り上げたか、その動機が隠されているように思います。

共産党が活動資金をコミンテルンに仰いでいたことはすでに記しました。先に引用したように立花氏も、《日本の共産党活動は、だいたいこのコミンテルンの資金によってファイナンスされていた》《資金が潤沢なときはその潤沢さのために、窮迫しているときにはその窮迫のために、戦前の共産党はいくつかの不祥事を起こしている》(ともに第一巻より)と指摘しています。

昭和五、六年当時の共産党はまさに、資金が窮迫している時期にあたります。

昭和三年の「三・一五検挙」、翌四年の「四・一六検挙」で党員は根こそぎ逮捕され、つづく「武装共産党」も田中清玄委員長の逮捕(昭和五年)でつぶれ、組織はガリガリ瘦《や》せ細ってしまいました。しかもこの時期、中国本土では蔣介石《しょうかいせき》の国民党と毛沢東《もうたくとう》の中国共産党との戦いは熾烈《しれつ》をきわめ、極東におけるコミンテルンの活動も地下にもぐらざるをえませんでした。そのため、日本への資金援助もぱったり途絶えてしまったのです。

そこで、ジリ貧の共産党は銀行強盗をはたらいたわけです。それが昭和七年十月、三万一千円を強奪した大森の銀行強盗事件でした。

共産党にとっては、きわめて不名誉な事件です。松本さんも《世に名高い「共産党員の大森銀行強盗事件」》と書いています。

ところが虚心坦懐《たんかい》に「スパイ〝M〟の謀略」を読むと――どうも松本さんはこの銀行強盗事件を松村に押しつけ、あれは松村の仕業《しわざ》で、共産党はハメられたのだといいたそうに思われるのです。松村の正体探しは表向きのテーマで、じつは銀行強盗事件から共産党の影を消したかったのではないか……と、勘ぐれば勘ぐれないこともありません。げんに、『昭和史発掘』にはこんな記述があります。

《こうして七・一五（田中清玄、田代文久らの検挙）以後は、松村がすべての「党務」の連絡をおのれひとりに集めた。したがって、彼の手の中に党の基本的組織が全部含まれていた》

そして銀行強盗事件の被告になった党員に対する判決文を引用します。

《被告人は（中略）松村事某《こと》より、客観的情勢が戦争と革命との時期に入ったことを話され、さらに同人よりこの時期の同党活動資金を得るため、表面は同党と無関係を装い、強盗、恐喝、その他の非常手段をも辞さない党内における秘密組織を必要とすること（中略）などを説明された》

被告党員は松村にそそのかされたのだというわけです。銀行強盗を計画したのはあくまでも松村だと印象づけます。しかも、その計画は松村ひとりの手になるのではなく、特高が深くかかわっていたにちがいないと結論づけるのです。

《松村が資金の獲得方法にいわゆる破廉恥的な方法を考え出したのは、おそらく彼ひとりの着想ではあるまい。特高部の最高幹部が共産党に破廉恥な汚名をきせ、それによって世間一般から孤立させるという戦術は、いかにも権力当局の考えつきそうなことである》

果たしてそうでしょうか。それは「共産党可愛さ」の、松本さんの思い込みにすぎないように思います。というのも、立花氏の『日本共産党の研究』（第十一章）にはこうあるからです。

《大森ギャング事件の立案と実行行為は、大塚有章《おおつかゆうしょう》以下の実行部隊が、（中略）上にいる松村にも、計画の具体的内容を告げぬままになしたものであることは、全関係者の証言が一致している》

そうだとすれば、大塚以下の実行犯は松村からそそのかされて銀行強盗をはたらいたのではなく、まさに共産党員として事件を起したのです。ついでに記しておけば、大塚有章はかのマルクス主義経済学者・河上肇《かわかみはじめ》の義弟です。

内務省警保局編『社会運動の状況』には、この時期の共産党員による現金、株券、債券、高価な物品の拐帯《かいたい》事件の一覧表が載っているそうですが、立花氏はそれをそっくりそのまま掲げています（第十一章）。このほかにも、共産党員がエロ写真やブルー・フィルム（いまでいうポルノ・ビデオ）を売ったり、美人局《つつもたせ》をしたり、密輸をしたり……と、ありとあらゆる犯罪に手を染めていたことを証拠だてる資料は枚挙にいとまがありません。そこで立花氏はいいます。

《共産党の見方によれば、松村は特高の指示のままに動いてきたまったく主体性のない卑劣漢ということのようだが、決して実際はそうではあるまい。松村は自分の知っていた情報をすべて特高に伝えていたわけではないし、特高の側でも松村を百パーセント、コントロールすることは不可能だった》（第九章）

また、松本さんは「スパイ〝M〟の謀略」のなかで、大森の銀行から強奪した三万円はじつは内務省の金庫にあって党の手には渡らなかったという「証言」を記していますけれども、これも立花氏によって完膚なきまでに論破されています。

愛する共産党の汚名をそそごうという松本さんの試みは、どう見ても成功したとはいえそうにありません。

スパイM・波乱の生涯

さて、立花氏の本には松村の家族や親族たちのインタビューまで載っています。

それによれば――松村こと飯塚盈延は愛媛県の生まれです。松本さんは新潟県の生まれであったかのように書いていますけれども、それはどうもちがったようです。

十五、六歳で上京、職を転々としながら、二十歳ごろに社会主義思想にかぶれ、共産党幹部・渡辺政之輔（前述したように台湾で警官を射殺したあと自殺）と接触、その縁でモスクワのクートベ（東方労働者共産主義大学）へ送られています。

帰国後は田中清玄の武装共産党に入党。田中委員長が逮捕されたあとは、共産党を一手に仕切る一方、特高のスパイにもなっていたのです。そうして仲間を売り、共産党に潰滅的な打撃を与えると、忽然《こつぜん》と姿を消してしまいます……。

その後、松村はどうしたのか。

立花氏の本は彼の後半生を追跡、家族の証言まで取っています。立花氏は共産党に引きずられないで書いていますから、非常に幅広く、『昭和史発掘』には出てこないような事実まで探りあてています。

簡単にそれを追ってみれば――共産党から姿を消したあとはカフェにつとめる女性と結婚して子供をもうけていますが、その一方で、実兄が会社を経営していた北海道へ姿をあらわすと、芸者を身請けしてその家族の面倒も見ています。いわばふたつの家族をもっていました。このあたりは、共産党幹部にして特高のスパイという「ふたつの顔」を使い分けた松村の面目躍如です。そして満洲へ渡り、そこで敗戦。

そのときの出来事を、松村が身請けした芸者さんの弟（松村の義弟）がこう証言しています。

《「私たちの住んでいた日本人部落が約五百人の暴徒に包囲された。松村はふだんはろくに生活能力がないが、こういうときになると沈着冷静で大胆だった。全員を一ヵ所に集めると、

『オレが先頭に立つ。お前は最後尾につけ。いいか、おどおどせず、相手をにらみつけて堂々と歩け』

と私に命じると、集団の先頭に立って、包囲している暴徒たちに向かって歩きだした。いつ襲われるかと内心ビクビクしていたが、堂々と歩いていくと、暴徒たちは自然に道をあけた」》（『日本共産党の研究』第九章）

引き揚げ後は北海道で、自分の家族七人、芸者の家族八人の計十五人がひとつ屋根の下に住んだといいます。生計の面倒を見たのは芸者さんだったようですが、その彼女が昭和三十五年に亡くなります。

再び、義弟の証言。

《「その後の兄（松村・渡部注）は、自分で自分の命をちぢめるようにして酒を飲んだ。娘三人が水商売に入っていたので、その金で好きなような生活ができた。晩年はずっと『宇宙空間論』という論文を書いていた」》（同上）

そして昭和四十年、死没。六十二歳でした。

立花氏のこうした調査レポートが雑誌に載ると、共産党は昭和五十一年十月の「赤旗」に「スパイMこと飯塚盈延とその末路」と題する連載記事を四日にわたって掲載、激しく松村＝飯塚を罵倒《ばとう》しています。

《スパイ飯塚の末路がまさに悲惨なものであったことは、スパイというものがいかに恥ずべき悪政の所産であるかをしめすものである》

《戦後、引揚げてきてからは、一室にとじこもり、たえず元特高関係者から〝消される〟ことをおそれ、こどもたちを含め、変名で生活するなど、おびえきった生活を送り、敗戦から二十年目の一九六五年（昭和四十年）九月、北海道で死んだ。死因は脳軟化症だ

った》

しかし立花氏のスタッフが集めてきた証言は、「松村はちかくに爆弾が落ちても平然としていた」とか、「中共軍に拉致《らち》されても脱走した」と、みんながみんな愛情をもって松村を語っています。前記の義弟など、《「もう、あれだけの人間に出会うことはないだろう」》とまでいっています。共産党の記事がいかに政治的に歪曲《わいきょく》されたものであるかは義弟のこのひと言からも明らかです。

『昭和史発掘』が価値ある労作であることはたしかですが、こと共産党をめぐる記述だけはそのまま受け取ることはできません。松本さんの論はあたかも共産党の宣伝パンフレットのようなおもむきがあるからです。共産党に関しては今後、立花氏の『日本共産党の研究』のほうを必読文献とすべきでしょう。

第７章 満洲某重大事件

【満洲】旧満洲はいま「中国東北部」と呼ばれているが、史実からも明らかなように、満洲はけっして中国の領土ではない。清《しん》朝を建てた満洲族の故郷であって、歴史上、中国（漢民族）がこの地を支配したことは一度たりともない。清朝の時代、中国人の満洲立ち入りが禁じられていたことからもそれは明らかだ。満洲はノーマンズ・ランドであった。

したがって昭和七年に建国された満洲国は、清朝のラストエンペラー・溥儀《ふぎ》が父祖の地に興した国であって、どこからも文句のつけようのない話である。日本人は溥儀のその建国を手伝った。その過程で起きたのが満洲某重大事件（昭和三年）であり、また満洲事変（同六年）であった。

この間の事情は、このほど完訳がなったR・ジョンストンの『紫禁城の黄昏』に詳しい。

張作霖と関東軍

満洲某重大事件というのは、昭和三年（一九二八年）六月に起った「張作霖《ちょうさくりん》爆死事件」をさします。

張作霖は満洲の実権を握っていた奉天軍閥《ほうてんぐんばつ》の首領です。馬賊あがりで、一九一一年の辛《しん》亥革命後《がいかくめい》、当時の実力者・袁世凱《えんせいがい》のもとに走り、満洲の中心地・奉天（現・瀋陽《しんよう》）を中心に力をつけました。やがて満洲全土を押さえるようになると、北京政府から離脱して、一九一七年には「東三省《とうさんしょう》（満洲）の独立」を宣言しています。

どじょう髭《ひげ》をはやした小柄な優男《やさおとこ》ですが、馬賊からのしあがって軍閥を組織するぐらいですから精悍《せいかん》にして果敢なところがありました。何度も命を狙われ、それでもつねに死地を脱してきた一種の風雲児です。また一説には、三十数人もの愛人を囲っていたといわれます。

そんな張作霖が爆死したという事件の第一報が伝えられたとき、時の田中義一首相が記者団にこう語ったのはよく知られた話です。――「張作霖とは日露戦争のころからの知り合いだ。はじめは小さな馬賊の頭目で、ロシアのスパイだったのを、おらが説得して、日本軍のためにはたらくようにさせたんだ。どうも、こういう死に方をするとはねえ」

このように日本政府および日本陸軍とも関係が深かったため、彼は「日本の傀儡《かいらい》」のように見られていましたが、大変な野心家でしたから、シナ全土を掌握しようとして一時は北京まで攻めのぼり、北京を制圧、大元帥についています。簡単に、日本の傀儡、といって済ませられるような男ではありませんでした。

そんな張作霖を爆殺したのは、関東軍《かんとうぐん》の高級参謀・河本大作《こうもとだいさく》大佐の謀略だったとされています。

ちなみに「関東軍」とは、満洲に駐屯して南満洲鉄道（いわゆる満鉄）の守備や在満邦人の警護にあたっていた日本軍をさします。満洲の最南端・遼東《りょうとう》半島の一部を「関東州」といい、当初はそこに司令部を置いていたので関東軍と呼ばれたのです。「高級参謀」というのは司令部でいちばん位の高い参謀です。兵力は一箇師団ぐらいでした。

張作霖の爆死

事件の概要を記しておけば――昭和三年六月四日、北京制圧を断念した張作霖は二十両連結という長い特別列車で満洲の奉天へ向かっていました。奉天駅が間近になり、京奉線《けいほうせん》（北京～奉天）が満鉄線と交叉する陸橋の下にさしかかったとき、轟音《ごうおん》とともに突然、京奉線の路面がせりあがり、車両が吹き飛ばされました。列車は脱線・転覆です。同時に、上からは満鉄線の陸橋が崩れ落ちてきました。この爆発で張作霖は投げ出され、血まみれでした。しかし、即死ではありません。駆けつけた側近たちの手ですぐに奉天城内の自邸に運ばれていますが、間もなく息を引きとりました。

当時の「朝日新聞」によれば、その最期はこんなふうでした。

《最愛の第五夫人は、変り果てた張氏の姿に失神せんばかりに驚愕《きょうがく》したが、健気《けなげ》にも自らアヘン液を張氏の顔面に吹きかけ、急報に接してはせ付けた外人医師の応急手当で一時漸《よう》く意識を半ば回復したるも、僅《わずか》に「おれはかまわぬ、行くよ」との一語を発し、遭難より四時間半後の午前十時、五十六年に亘《わた》る波乱重畳《はらんちょうじょう》の生涯の幕を閉じた》

その死は奉天省長の意向もあって、二週間以上伏せられたままでした。張作霖軍に動揺が走るのを避けるためだったといわれています。したがって、上に引用した「朝日新聞」の記事も六月二十二日付です。

一方、この爆破事件を受けて関東軍は――怪しいシナ人三人を発見、そのうち二名を刺殺したものの、ひとりは取り逃がした、と発表しました。彼ら便衣隊《べんいたい》（ゲリラ）の仕業《しわざ》にちがいないというのが関東軍の見解でした。

ところが時がたつにつれ、どうも関東軍の謀略だったのではないか……という見方が強まります。しかし、その真相はなかなかつかめません。

そこで、天皇に対する田中義一首相の報告も曖昧《あいまい》になってしまったフシがうかがわれます。最初は「犯人がわかれば厳しく処罰します」といっていたのに、どうやら関東軍の仕業らしい、河本大佐が一枚絡んでいるようだとわかっても、当時の陸軍部内の事情もあって思うような処断ができない……。するとと天皇は、「おまえのいうことは信用できない」と田中首相に不信感を示されます。そのため田中内閣は辞職せざるをえなかった、というのも有名な話です。

そのあたりの経緯について松本さんは、最後の元老・西園寺公望《さいおんじきんもち》の秘書をしていた原田《はらだ》熊雄《くまお》の『西園寺公と政局』（岩波書店）を引きながらこう書いています。

《天皇は田中の上奏を聞いて、さきに田中が「この事件の犯人は日本の陸軍の者であるようでございます」と述べたことを記憶していた。（中略）それにもかかわらず、この事件を犯人不明として、その責任者を単に行政処分で終らせたことは陸軍の綱紀を維持するゆえんでないことを天皇は心配した。天皇は田中に対し、

「おまえの最初に言ったことと違うじゃないか」

と不興げにいって、奥に入った。そして、交替直後の侍従長鈴木貫太郎をよび、

「田中総理の言うことはちっとも分らぬ。再び聞くことは自分はいやだ」

といった。鈴木は天皇のその言葉をそのまま田中に伝えた。

田中は、それを鈴木から聞いて涙を流して恐懼《きょうく》し、即座に辞意を決し、田中内閣は倒れたのだ》

ここに出てくる「責任者」が河本大佐です。翌年、彼は停職処分とされています。河本大佐の上官であった関東軍司令官・村岡長太郎中将も予備役に編入されました。

松本さんは《軽微な処分》《この軽処分》と書いていますが、河本大佐、村岡中将ともに軍人としての生命を断つ、という処分を受けています。これは軍人にとっては非常に重い処分だと、私は受けとめています。

ついでにふれておけば、辞任後、田中義一首相は間もなく亡くなっています。「自殺」という説もありましたが、死の前後のようすを見ていますと、どうも自殺するような雰囲気ではない。心痛や落胆が引き金になったふつうの病死だったと見ていいようです。

満洲某重大事件は日本の侵略のはじまりか

この事件が「満洲某重大事件」といわれるのは、事件の詳細がなかなか発表されず、新聞や野党も関東軍の仕業だと決めつけられなかったために、「満洲某重大事件」と曖昧に呼ばれたからです。

当時の満洲では、鉄道をめぐる事件が頻発していました。数年間のあいだに百件以上も鉄道爆破事件があったといわれています。

満洲国に関する基本文献のひとつ『満洲国史』(満洲国史編纂刊行会編)下巻の「各論」によれば——匪賊《ひぞく》と呼ばれるテロリストたちは推定百万人から三百万人いたといわれます。「土匪」(いわゆる馬賊)のほかにも、「半農半賊」(状況しだいで匪賊になる連中)、「宗教匪」(宗教的秘密結社)、「政治匪」(敗残兵たち)、「共匪」(共産ゲリラ)……などが神出鬼没《しんしゅつきぼつ》、昭和八年(一九三三年)だけでも匪賊による都市襲撃は二十七件、列車襲撃は七十二件を数えた、というデータがあります。

張作霖爆死事件も一時はそのうちのひとつと考えられていました。関東軍の陰謀の臭いがしても、連続する鉄道爆破事件の「ワン・オブ・ゼム」ととらえられるところもあったのです。だからこそこの事件も、結果的にはそれほど大きな国際問題にならなかったのではないでしょうか。

もっともその後、この事件は日本の満洲侵略のはじまりであるかのようにいわれるようになります。

すなわち、日本は張作霖爆殺をシナの便衣隊のせいにして、それをきっかけに満洲全土を領有しようとした。しかし、河本大佐のその計画がうまくいかなかったので、三年後の昭和六年(一九三一年)九月、おなじ関東軍の高級参謀・板垣征四郎《いたがきせいしろう》大佐と作戦主任参謀・石原莞爾《いしはらかんじ》中佐が奉天近郊の柳条湖《りゅうじょうこ》付近で満鉄線の線路を爆破して満洲事変を起こした。そしてそれを翌年の満洲国建国につなげた。その意味で張作霖爆死事件は日本のシナ大陸侵略の第一歩だった……という見方です。

連合国主導で行われた東京裁判（極東国際軍事裁判）も、昭和六年の満洲事変を「日本のシナ侵略の第一歩」ととらえ、その時点から敗戦（昭和二十年）までの十五年間を「日本軍国主義の時代」として断罪しています。そうした見方に便乗して、日本の左翼の歴史家たちは大東亜戦争をふくむこの前の戦争を「十五年戦争」と呼んでいるわけです。もっと過激に、「いや、その前の張作霖爆死事件あたりから日本の侵略ははじまっている」とする左翼学者もいます。そうした見方が戦後の歴史教科書にも脈々と流れ、日本人にかたよった歴史観を植え付けつづけていることは由々しい問題です。

もちろん、松本さんもその見方に立っています。張作霖爆死事件が満洲事変を呼び、さらにはシナ事変（昭和十二年＝一九三七年）を引き起し、それがアメリカとの全面戦争につながった……という見方です。

げんに松本さんは、『昭和史発掘』の「三・一五共産党検挙」の最後のページで、共産党幹部・徳田球一に《「ただ今、帝国主義は満州に出兵した。日本の青年は、断然、これに反対して戦うだろう」》と叫ばせ、この「満洲某重大事件」の最後のページでは、《たとえ、この時期に有能な首相が出ても、満州侵略に逸《はや》る軍部は、その政治力をもってしても抑えることはできなかったであろう。時代は個人の政治力を超えて、日本の破局の序幕を開けはじめるのである》と評しています。

こうした見方はしかし、占領軍から押しつけられた戦後の歴史観にすぎません。東京裁判がいうほど、話は単純ではありません。日本には日本の歴史があったのであって、私はそのことを以下の叙述で明らかにしてゆきたいと思います。

満洲における日本の「特殊権益」とは何か

「日本は満洲を侵略した」という大前提に立つ松本さんは書いておりませんが、「満洲某重大事件」を考えるうえでも押さえておく必要があるのは日本と満洲のかかわりの歴史です。

日本が満洲に「特殊権益」をもつことになったのは日清戦争（一八九四年）がきっかけです。日本は清国を打ち破り、翌明治二十八年に下関条約が結ばれます。そのなかに《清国は遼東半島、台湾および澎湖列島を日本に割譲する》（第二条）という一項が入りました。

遼東半島は満洲南端の半島ですが、これが日本の領土となったわけです。

ところが、条約が結ばれて一週間もたたない四月二十三日、ロシア、フランス、ドイツの三国はわが国に「遼東半島を放棄せよ」と勧告してきました（いわゆる「三国干渉」）。清国が仏独露の三大国に泣きついて、条約を反故《ほご》にしようと企んだ結果です。「以夷征夷《いいせいい》」（野蛮な外国を使って野蛮な外国の力をそぐ）を伝統とする清国は、三大国にはいかなる報酬を与えてもいいから、隣国の日本だけは抑えたいという気持ちでした。

日本にとってはまったく理不尽な要求でしたが、日清戦争に勝ったとはいえ開国してまだ三十年もたたない小国としてはこの「三国干渉」を呑《の》まざるをえませんでした。かくして遼東半島を清国に還付することになったわけですが、もちろん国民の激昂《げっこう》はひととおりではありません。一例として、「憲政の神様」といわれた尾崎行雄の弁を引いておきます。

《「万死《ばんし》を以てとり得た土地を還付し、いかなる戦功も外交官の失策によつて烏有《うゆう》に帰せしむる先例を作るに於ては、将来、忠勇義烈なる軍人といへども、誰かまた国難に殉ずるを喜ぶ者があらうか」》（国会演説）

ところがロシアは、日本に返還させた遼東半島の要衝《ようしょう》・旅順《りよじゅん》と大連《だいれん》を今度は自分で奪ってしまいます。三国干渉を頼み込んできた清国の弱みにつけ込んで、自分で租借したのです。明治三十一年（一八九八年）のことでした。

ロシア周辺の海は冬になるとすべて凍ってしまうため、なんとしてでも凍らない港（不凍港）がほしいというのがロシアの悲願でした。その不凍港を、ロシアはここで手に入れたのです。

しかも一八九九年、シナ大陸に「拳匪《けんぴ》の乱」（「義和団事変」「ボクサー・レベリオン」ともいう）が起り、翌年それが北京にまで波及すると、ロシアは日本をふくむ諸外国とともに清国に兵を送り込みます。そして乱が満洲にまでおよぶと、さらに増派してついには全満洲を占領してしまいました。だから当時のイギリスは、満洲へ送り出した布教団を「ロシア布教団」と呼ぶほどでした。満洲は完全にロシア領になってしまったからです。

ところが清国は、そのロシアを満洲から追い払う努力はいっさいしません。

満洲からロシアの勢力を追い払ったのは日露戦争（一九〇四年＝明治三十七年）に勝利した日本でした。のちほど詳述するレジナルド・ジョンストンの名著『紫禁城の黄昏』（祥伝社）にはこんなくだりがあります。

《シナの人々は、満洲の領土からロシア勢力を駆逐するために、いかなる種類の行動をも、まったく取ろうとはしなかった。

もし日本が、一九〇四年から一九〇五年にかけての日露戦争で、ロシア軍と戦い、これを打ち破らなかったならば、遼東半島のみならず、満洲全土も、そしてその名前まで

も、今日のロシアの一部となっていたことは、まったく疑う余地のない事実である》（第一章、中山理訳）

日露戦争で日本が勝利して、やっとロシアは満洲から手を引いたのです。そして日露戦争後のポーツマス条約ではつぎのようなことが取り決められました。

①ロシアは遼東半島の租借権を日本に譲渡すること。

②ロシアは東支鉄道の南満洲鉄道（長春〜旅順間。のちの満鉄線）と、それに付属する炭鉱を日本に譲渡すること。

③ロシアは北緯五十度以南の樺太《カラフト》を日本に譲渡すること。

このほかの満洲の土地は、日本が清国に返したかたちになりました。

――ここまでの経緯を見てもわかるとおり、日本はなにも満洲を侵略したわけではありません。国際条約にのっとって正当に租借権を得、あるいはその土地の領有権を得てきたのです。左翼文化人がいうような「大陸侵略」でなかったことは明らかです。

それどころか――これは日本がのちに知ったことですが――日清戦争の翌年（一八九六年）、ロシアと清国のあいだでは秘密条約が結ばれていたのです。「露清密約《ろしんみつやく》」といわれるこの条約の内容は以下のとおりです。

①ロシアあるいは清国、朝鮮が日本と戦争になった場合、露清両国は相互援助する。
②その場合、清国はロシアの輸送を助けるため、満洲での鉄道建設に同意する。
③その鉄道は、ロシアが軍用として自由に使うことができる。

まったく日本を敵視した密約です。そんな密約がロシアと清国のあいだで結ばれていたのです。こんな密約があるのを知っていれば、日本は日露戦争後、清国に満洲を返す必要などありませんでした。

しかしその密約の存在を日本は知らなかった（日本がそれを知ったのは一九二二年のワシントン会議のときでした）から、満洲全体はロシアの手から清国に取り返してやって、鉄道（満鉄）の権利と遼東半島（関東州）の権利だけを租借したのです。

このどこが「大陸侵略」だというのでしょう。

関東州および満鉄の租借は、日本の当然の権益です。満洲における日本の「特殊権益」といわれるのはそういう歴史的根拠のあるものですから、当時の国際状況から見ても少しも理不尽なものではありませんでした。

アメリカが中南米に対して主張した「特殊権益」と比較してみれば、それはすぐわかります。アメリカにとって中南米は「内庭《うちにわ》」のようなものであるから、ヨーロッパ諸国は口を出してくれるなというのが「モンロー主義」ですが、日本の場合も――満洲は日露戦争まで戦った土地で、しかもその一部は正規の条約によって租借が認められた土地である、これについては口を出してもらっては困る、というのは当時としては当然の言い分でした。

松本さんは、満洲のこうした背景についてはいっさいふれません。日本は謀略によって満洲の地を手に入れようとしたのだという面ばかり強調します。だから張作霖爆死にいたる歴史の流れは少しも見えてきません。これが戦後流の歴史叙述だとしても、私などには大いに不満が残ります。

満洲はシナではない

もうひとつ大事なのは、「満洲はシナではない」という点です。

一九一一年（明治四十四年）の辛亥革命によって清国が倒されたあとの満洲についていえば、当時の日本人は、満洲はシナではないことを常識的に知っていました。

それは簡単に満洲の歴史をおさらいしてみただけでわかります。

十六世紀の後半、満洲族（女真族《じょしんぞく》）の族長はヌルハチという人物でした。

当時、シナ大陸を支配していたのは明《みん》ですが、その支配権は満洲にはおよんではいませんでした。万里の長城の外側にある満洲はまさに文明のおよばない「化外《けがい》の地」でした。

ところがその満洲の地にあらわれたヌルハチは非常に有能で、《軀幹《くかん》長大、聡明にして果断、兵を用うること神の如し》(『満洲国史』上巻「総論」より再引)といわれるほどの英傑でした。ヌルハチは一五九一年に東満洲を統一すると、一六一六年、五十八歳のとき、先祖が建国した「金《きん》」にちなんで「後金《こうきん》」という国を建てます。日本でいえば、二代将軍・徳川秀忠の時代でした。

ヌルハチの後金はやがて明との対立を深めます。そして一六一八年、明と戦争になりましたが、八年後の一六二六年に六十八歳で没しました。

ヌルハチの死後、後金を継いだのは息子のホンタイジでした。そして後金を「大清国《だいしんこく》」と改めます(一六三六年)。

大清国と明の攻防はその後もつづきますが、一六四三年、ホンタイジは五十二歳で病没します。

後継者はフリンといいました。フリンは翌一六四四年、ついに明を打ち倒し、北京入城を果たします。ここに清のシナ本土制覇がなり、フリンは順治帝《じゅんちてい》と称しました。はっきり言えば、シナ人は満洲人の被征服民族となったわけです。

その後の清朝には康熙帝《こうきてい》、雍正帝《ようせいてい》といった偉大な皇帝が出ていますが、建国から二百五十年後の辛亥革命(一九一一年)の翌年、清朝は倒れました。つまり征服者である満洲王朝(清)に対するシナ人による独立運動でした。そのときの最後の皇帝が宣統帝《せんとうてい》・溥儀《ふぎ》です。

だから溥儀は「ラストエンペラー」と呼ばれたのです。

……こうして見てくればわかるように、清というのはもともと満洲に建てられた国です。それが力をつけて南下し、ついにフリン（順治帝）のときに長城を越えてシナ本土になだれ込み、明を倒してシナ全土を統一したわけです。

溥儀

いってみれば、満洲という土地は清朝の故郷であって、シナではありません。しかも秦《しん》の始皇帝《しこうてい》以前も以後も、シナの歴代王朝が満洲を実効的に支配した事実はないのです。

満洲に興った清がシナを支配するようになったため、ここにはじめて満洲とシナ本土が渾然《こうぜん》一体となったわけです。それ以前、シナ本土と満洲とはまったく別個の土地でした。

したがって清朝の時代、満洲は「封禁《ふうきん》の地」とされ、漢民族（シナ人）の立ち入りを許しませんでした。

大事なポイントだから繰り返します。

満洲の地に興った清朝がシナ本土を治めたから、満洲とシナは清朝の領土ということになりました。しかしいったん清朝が倒れてしまえば、満洲とシナ本土とは何の関係もありません。満洲は漢民族の土地ではないからです。

ところが今日、中国の共産党政権は満洲を「中国東北部」と称して、自国の領土に編入してしまったのです。そして昭和七年から昭和二十年までつづいた満洲国を「偽満洲国《にせまんしゅうこく》」と呼んでいます。

私からいわせれば、とんでもない話です。

中国共産党政権はチベットや内蒙古《うちもうこ》や新疆《しんきょう》ウイグルを不当に侵略し、自国のものとしてしまったように、清朝の故郷である満洲も勝手に自分の領土にしてしまったのです。

このおかしさは、他国のケースで考えてみればすぐわかります。たとえば、インドネシアと宗主国オランダに「中国」「清朝」を代入してみましょう。

インドネシア（中国）はオランダ（清朝）が支配していました。ところが第二次大戦後、独立運動が起ってインドネシア（中国）は独立を果たします。そこでオランダ（清朝）はインドネシア（中国）から撤退しました。だからといって、オランダ（清朝＝満洲）はインドネシア（中国）の領土だということになるでしょうか。そんなばかな話はありません。

ところが満洲の場合は——満洲に興った清朝がシナ本土を支配していたところ、辛亥革命によって清朝が倒され、シナの政権（中華民国）がつくられたため、満洲はシナの領土であるといわれてしまいました。これでは、オランダはインドネシアの領土だというようなものではありませんか。

満洲（中国共産政権がいう「中国東北部」）がシナの領土だというのは、その程度のいいかげんな話なのです。

麻のごとく乱れていたシナ大陸

これに加えて、張作霖爆死事件をふくむ満洲の問題は当時のシナの状況がわからないとその実態がなかなかつかめません。

さいわい、当時の地図が『昭和史発掘』に載っていますので、それを簡単に解説しておきます。この地図は国民党を率いた蒋介石がシナ統一をめざして北京へ攻めのぼった北伐《ほくばつ》の時期（昭和初期）のものです。

- 広大な満洲から北京にかけては「張作霖」が陣取っています。
- 揚子江上流を押さえていたのは直隷派《ちょくれいは》の「呉佩孚《ごはいふ》」です。直隷派と呼ばれたのは、清朝皇帝の住む北京の周辺一帯を直隷省と称し、そこを根城《ねじろ》にしていたからです。
- 揚子江下流を仕切っていたのは、おなじく直隷派の「孫伝芳《そんでんほう》」でした。
- 張作霖に北京を追われた容共親ソの「馮玉祥《ひょうぎょくしょう》」は西安《せいあん》の奥、シナ北西部に拠点を移していました。

●山西省に蟠踞《ばんきょ》していたのは「閻錫山《えんしゃくざん》」です。

このほか毛沢東らの共産軍、蔣介石の国民党軍……と、シナ大陸はまさに群雄割拠の状態でした。いや、群雄割拠というのは誉めすぎで、大小の軍閥が麻のごとく入り乱れ、もつれあいほつれあい、もう支離滅裂の状態であったというほうが正確でしょう。現代の感覚で「中華民国」という「国家」があったなどと考えると間違えてしまいます。一国としての統一などまるでありませんでした。「国家」の体《てい》などなしていなかったのです。

しかもこれら軍閥の背後には、日本だけでなく、イギリス、フランス、アメリカ、さらには世界の赤化（共産化）を狙うソ連までがうごめいていました。シナ大陸は割拠する軍閥と利権を狙う諸外国の、さながら草刈場となっていたのです。

じっさい、この時代はいくつもの政府が乱立していました。どの政府も「われわれこそはシナ全土を代表する」といいながら、実際はどの政府も外国に対していかなる政治的責任も負うことができなかったものです。したがってこの時代、いかなる国もシナと交渉するとき、いったいだれを、どの軍閥を外交相手にしたらいいのかさっぱりわからないというのが現実でした。

こんなエピソードがあります。

アメリカの特派員が張作霖に会見し、「張閣下、チャイナでは内乱が絶えないので、わが国はじめ各国はどの軍閥を相手に交渉したらいいのか、非常にとまどっております」といったところ、張作霖はこう答えたといいます。「それは大物の無頼漢《ぶらいかん》どもが喧嘩をしているからだ。その無頼漢のうち、いちばんの大物は私である。だから私が治めればチャイナは治まる」と。

しかし、この言い分は張作霖だけのものではありません。おなじ質問を投げかければ、蔣介石も呉佩孚も馮玉祥もおなじように答えたはずです。それが当時のシナ大陸の実情でした。そこで、「シナとは、ひとつの国とはゆめゆめ思うな」とさえいわれたものです。「シナとは何ぞや」というのが世界的な疑問でした。

*

ではなぜ、そんな混乱に陥ってしまったのか。

簡単にいえば、張作霖がいったように「無頼漢どもが喧嘩をしていたから」ですが、そこにいたるシナ大陸史のポイントだけ押さえておきましょう。

一九一一年（明治四十四年）に辛亥革命が起ったことは前述したとおりですが、当初、革命軍を率いたのは黎元洪《れいげんこう》でした。シナ有数の戦術家といわれた人物です。

革命軍は南京を占領すると、ここに臨時政府を打ち立てます。そこで臨時大総統選びに入るわけですが、その選挙はアメリカに亡命中の孫文《そんぶん》の帰国を待って行われることになりました。

孫文が帰国したのはその年の暮れでした。そこで選挙を行ったところ、圧倒的多数で孫文が当選、中華民国の臨時大総統の座につきます。黎元洪は副総統でした。

これに対して清朝は、北洋軍閥の長・袁世凱の出馬を仰ぎ、事態の収拾をはかろうとしました。ところが肝心の袁世凱が革命政府と気脈を通じていたため、一九一二年二月、ついに清朝は倒れてしまいます。

そこでかねての約束どおり、孫文が臨時大総統の座を去り、袁世凱がその座につきます（一九一二年）。ここまでが、ふつう「第一次革命」といわれています。

大総統に就任した袁は一転、革命派を弾圧し、独裁体制を敷くようになります。そして一九一三年に正式に大総統に就任すると、今度は帝制に移行して、みずから皇帝になろうとします。革命によって清朝を倒して皇帝を廃したのに、袁世凱は今度は自分が皇帝になろうとしたわけです。さすがに強い反発が起り、皇帝になることを断念しますが、それから間もなくして没しています（一九一六年）。これが「第二次革命期」です。

袁世凱のあと、大総統になったのは前にもふれた黎元洪でした。ところが一九一七年、清朝に忠誠を誓う将軍・張勲《ちょうくん》が兵を率いて北京に入り、清朝再興を期す（復辟《ふくへき》）と、黎元洪は北京の日本公使館に逃げ込んでしまいました。そのとき、張勲を討ったのが安徽省《あんきしょう》の軍閥・段祺瑞《だんきずい》でした。そこで、逃亡した黎元洪に代わって段祺瑞が北京政府の実権を握ります。

ここから各軍閥入り乱れての「第三次革命期」がはじまります。

一九二〇年、安徽派の段祺瑞と直隷派の呉佩孚が戦い（安直戦争）、張作霖の援軍をえた直隷派の呉佩孚が北京の実権を握ります。

すると一九二二年、張作霖は満洲の独立を宣言し、翌二三年には日本軍の支援を受けて直隷派と北京の支配権を争い（奉直戦争）、この戦いでは張作霖が敗れました。

勝利した直隷派の呉佩孚は、さらにシナ全土の統一をめざして張作霖軍を追撃します（第二次奉直戦争）。と、それまではどっちつかずの態度を取っていた容共親ソの馮玉祥軍が張作霖側につき、一九二四年、張作霖と馮玉祥は勝利をえて北京入城を果たしたのです。

このように北京を中心にした支配者だけでも、たった十二年のうちに、黎元洪→孫文→袁世凱→黎元洪→張勲→段祺瑞→呉佩孚→張作霖・馮玉祥と、それこそ猫の目のごとく変わっています。これがシナという国でした。

名著『紫禁城の黄昏』

その馮玉祥軍が北京に入ったときのことです。

北京にはまだラストエンペラー・溥儀が住んでいました。前述したように清朝は一九一二年に倒れましたが、溥儀は当時の臨時大総統・袁世凱から「紫禁城に住んでもいい」という許可をえて、「前帝」あるいは「少年皇帝《ザ・ボーイ・エンペラー》」と呼ばれながらまだ北京で暮していたわけです。

ところが、北京に入城してきた馮玉祥は「容共」の左翼でしたから、前帝・溥儀の生命も危険にさらされることになります。そこで砂塵濛々《さじんもうもう》たるある日、溥儀は護衛隊の目を盗んで紫禁城から逃げ出すと、命からがら日本の公使館に転がり込みました……。

《日本公使館で皇帝を受け入れてほしいと懇願しても、すぐには返事をくれなかった。公使（芳沢謙吉《よしざわけんきち》・渡部注）は、この問題を考えながら、部屋の中を行ったり来たりしていたが、ついに決意を語りはじめた。皇帝は受け入れるが、皇帝にふさわしい宿泊設備を準備したいので、一旦ドイツ病院に戻り、伝言が届くまで待ってほしいと言う。後日知ったのだが、芳沢氏と夫人が皇帝のために準備した「ふさわしい宿泊設備」とは、夫

妻の個室（同公使館の最高の部屋）だったのである》（『紫禁城の黄昏』第二十五章）

と書いているのは、レジナルド・ジョンストンです。

ジョンストンのこの『紫禁城の黄昏』は、ラストエンペラー・溥儀の動向を伝えるもっとも信頼すべき文献です。というのもジョンストンは溥儀の家庭教師、当時の言葉でいえば「帝師《ていし》」だったからです。大当たりした映画「ラストエンペラー」には、いつも黒い服を着て溥儀のそばに付き添っているイギリス人が登場しますが、あれがジョンストンです。彼は紫禁城のなかに入った唯一の外国人で、溥儀からは絶対的な信頼を受けていましたから、溥儀の動きは逐一この『紫禁城の黄昏』に記されています。

そもそもジョンストンは第一級のシナ学者で、しかも外交官でした。外交官を辞めてからはロンドン大学の教授、東方研究所の所長までつとめた碩学《せきがく》です。

イギリスには碩学で外交官という人が大勢います。幕末から明治のころにかけて日本へきて『一外交官の見た明治維新』（岩波文庫）という名著を書いたアーネスト・サトウもそのひとりですが、ジョンストンはまさにそうした伝統につらなる人でした。

そんなジョンストンの書いた『紫禁城の黄昏』は同時に、「戦前の日本の大陸政策はすべて侵略だった」という大嘘を足もとから爆破するような起爆力をもった本でもあります。

その本が最近、完訳されました。私自身、監修にたずさわった本ですが、とても重要な文献なので少々紹介しておきます。

＊

じつは、この本は戦前ふたつほど翻訳が出ています。大樹社書房《だいじゅしゃしょぼう》という名前も聞いたことのないような出版社から一冊（荒木武行訳『禁苑の黎明』）と、国家主義団体の玄洋社《げんようしゃ》から一冊（関東玄洋社出版部訳『禁城の熹光《きこう》』）です。

ところが、名の通った出版社ではなかったため、あまり話題にならなかったようです。しかも翻訳というより「超訳」に似た抄訳でした。おまけに、原題の〝Twilight in the Forbidden City〟の「黄昏」を「黎明」と訳すぐらいの誤訳をしているわけですから、おそらく読書界ではまともに受け取られなかったのではないかと思われます。

こうした第一級の本は、当時の一流出版社である中央公論社とか改造社から出すべきだったと思います。そうではなかったため、戦後は完全に忘れ去られてしまいます。戦前の抄訳本もなかなか手に入らず、一般の読者がこの第一級資料を読むことは困難でした。

すると、あれは映画「ラストエンペラー」が封切りされたとき（一九八八年）のことでした。岩波文庫から翻訳が出たのです（一九八九年）。岩波文庫は古典的名著をそろえることをうたった文庫ですから、当時、岩波文庫が『紫禁城の黄昏』を訳出すると聞いたとき、私は非常に喜びました。

ところが、訳出された『紫禁城の黄昏』を見て私は驚きました。いや、怒りすら覚えました。なんと原著の第一章から十章まで、および第十六章を全部カットしてあるのです。しかも訳者たち（入江曜子＋春名徹）の言種《いいぐさ》が許せませんでした。著者ジョンストンの《主観的色彩の強い前史的部分》だから省略した、というのです。

カットされた部分には、日本と満洲の関係について日本に有利な記述がたくさん出てきます。だから、反日的な岩波書店と訳者たちはその部分をカットしてしまったのです。いまの中国政府に迎合して、日本に都合のいい事実が書いてある部分を全部削ってしまったわけです。

序文からも、原著でカウントすると三十八行分省いています。それは康有為《こうゆうい》についての記述ですが、なぜそれを省いたかといえば、康有為というのは辛亥革命後、溥儀がふたたび皇位につくこと（復辟）を支持した人です。いわば反革命の士です。したがって、そこも省いてしまったのです。

岩波書店と訳者たちの行為は明らかに文化に対する犯罪です。彼らが左翼で、親中国の考え方をもっているとしても、それは個人の勝手だから別にかまいません。しかしだからといって、中国政府の気に入らないであろう部分を一級資料となる書物から勝手に割愛することは許されることではありません。

だいたいジョンストンのこの本は、ことさら日本に味方するような本ではありません。それは一九三四年に原著を刊行した出版社が「ヴィクター・ゴランツ社」であることからもわかります。社長であるヴィクター・ゴランツはそれまでの出版業績によって「サー」の称号を受けた人で、非常に剛直な人物でした。筋金入りの社会主義者で、左翼的な読書クラブ「レフト・ブック・クラブ」もつくっています。左派の「ロンドン・スクール・オブ・エコノミックス」の政治学教授であったハロルド・ラスキや、労働党の党首になるクレメント・R・アトリー、社会主義作家で政治家のジョン・ストレイチーなどとともに活動した人です。

ゴランツ社はまた、当時姿をあらわしはじめたナチズムやファシズムに抵抗する良書を出したことでも有名な出版社です。そんな出版社が出したのですから、『紫禁城の黄昏』がいいかげんな本であるわけがありません。いわゆる右翼の本であるはずがない。著者も、書いてある内容も、非常にしっかりしているからゴランツ社が出版したのです。

清朝の末路とラストエンペラー・溥儀、そして当時のシナの状況についてこれほどよく知っている人はいない――そういうジョンストンが書いた入念な本で、しかも資料的価値が高く、疑う余地もない本だからゴランツ社も出したのです。

『紫禁城の黄昏』の重要な指摘

当時のシナの状況や、日本と満洲のかかわりを知るうえでとても重要な本ですから、ジョンストンの記述を二、三拾い読みして、おきましょう。

もし日露戦争で日本がロシアを打ち破らなかったら、満洲はロシアのものになっていただろう——という観測は先に引用したとおりですが、大事なくだりなのでもう一度引いておきます。

《シナの人々は、満洲の領土からロシア勢力を駆逐するために、いかなる種類の行動をも、まったく取ろうとはしなかった。

もし日本が、一九〇四年から一九〇五年にかけての日露戦争で、ロシア軍と戦い、これを打ち破らなかったならば、遼東半島のみならず、満洲全土も、そしてその名前までも、今日のロシアの一部となっていたことは、まったく疑う余地のない事実である》（第一章）

そんな満洲を、日本はロシアと戦って勝つとロシアの手から取り戻し、清国に返してやりました。

《日本は、一九〇四年から一九〇五年、満洲本土を戦場とした日露戦争で勝利した後、その戦争でロシアから勝ち取った権益や特権は保持したものの、（それらの権益や特権に従属する）満洲の東三省は、その領土をロシアにもぎ取られた政府の手に返してやったのである。その政府とは、いうまでもなく満洲王朝の政府である》（第四章）

日本が満洲の地を返してやったその政府とは、「いうまでもなく満洲王朝の政府である」という最後の一文が重要です。そこには――漢民族に返したわけではない、という含意があるからです。そのあたりのことについてはこう書いています。

《日本にはひとつの王朝しかない。（中略）したがって、その国名（「大日本」）はヨーロッパの国々と同じように用いるが、シナの用いる用語は王朝名であり、「中国」ではなく「大清国」である》（第八章注）

一度読んだだけではちょっとわかりにくいと思いますので、解説をしておけば――西洋では、領土の王という言い方があります。イギリスの王なら〝King of England〟、フランスの王なら〝King of France〟です。日本の天皇なら〝Emperor of Japan〟でしょう。それは王朝と領土が一定だからです。ところがシナの場合は、漢民族が支配したり（たとえば、漢）、蒙古民族が支配したり（元）、あるいは満洲族が支配したり（清）、つぎつぎに支配民族が替わり、王朝が替わっています。そのたびに領土も変化してきた。したがって、〝King of China〟〝Emperor of China〟という一定した呼び方はできません。シナに関してはつねに王朝名で呼ぶしかないと、ジョンストンはいうわけです。

これを逆にいえば、満洲族の清朝がシナを支配しているあいだは、シナ本土も満洲も清国の領土ですが、そうでなくなれば満洲とシナ本土は別個のものだ、ということになります。げんに清朝が、満洲の地に漢民族が立ち入ることを禁じていたことは前述したとおりです。

そこで満洲は「封禁の地」と呼ばれていたわけですが、一九〇七年、清朝はその禁を解きます。それに関してジョンストンはこう指摘します。

《満洲朝廷が自ら率先してこのような行政的変革を実施したのは、「東三省」を贈り物としてシナに差し出そうという意図があったからではなく、国家としての現実的な理由と、君臨する皇室が満洲人と漢人をともにひとつの大家族として見なしていることを、漢人に示したいと望んでいたからである》（第四章）

ここに出てくる「東三省」というのが満洲のことです。すなわち清朝には、満洲を「贈り物としてシナに差し出そうという意図」などなかったと書いています。この一文からも満洲がシナの領土ではないことがわかります。

したがって辛亥革命によって清国が倒されたとき、あのときに最後の皇帝・溥儀が父祖の地・満洲に帰っていたら、満洲はシナとは「別個の国」として存続したことだろうといいます。

《もし満洲人が満洲に退き、しかもシナでの満洲人の権力が最終的に完全に崩壊したと判明すれば、十七世紀前半に君臨した王朝と同じように、シナから完全に独立した満洲君主制の再興を目にすることも決してありえなかったわけではない》（第七章）

革命が起ったとき、溥儀が「自分は故郷へ帰る」といって満洲へ帰っていたら、シナとは完全に独立した「満洲国」ができていただろう。シナもそれを認めたはずだと、ジョンストンは見るわけです。しかし、溥儀がそうしなかったから、中華民国は満洲をいつの間にかシナの領土に組み込んでしまったのです。

そこでジョンストンはこう書きます。

《遅かれ早かれ、日本が満洲の地で二度も戦争をして獲得した莫大な権益を、シナの侵略から守るために、積極的な行動に出ざるを得なくなる日が必ず訪れると確信する者は大勢いた》（第十六章、傍点渡部）

ここでいう「二度の戦争」とは、いうまでもなく日清・日露の戦争をさします。その戦争で日本は満洲に「莫大な権益」を獲得しました。しかし、それはじょじょに侵されます。侵しているのはシナのほうである、とジョンストンは指摘しています。

すなわち、日本の「莫大な権益」に対する「シナの侵略」——。満洲の地で侵略をつづけているのは日本ではなく、シナのほうだというわけです。

そうだとすれば当然、シナに対して日本が「積極的な行動に出ざるを得なくなる日が必ず訪れると確信する者は大勢いた」と書いています。張作霖爆死事件、さらには昭和六年（一九三一年）の満洲事変を予告するかのような記述ではないでしょうか。

ついでに記しておけば、満洲事変が起ると国際連盟は、イギリスのリットン卿を長として、フランス、ドイツ、イタリア、アメリカの代表からなる調査団を満洲、シナ各地に派遣しています。その調査団は昭和七年の三月から六月まで、各地で聞取り調査にあたり、以下のような判断をくだします。

《問題は寧《むし》ろ極度に複雑なるを以て一切《いっさい》の事実及其の歴史的背景に関し十分なる知識あるもののみ、之《これ》に関する決定的意見を表明する資格ありといふべし。本紛争は一国が国際連盟規約の提供する調停の機会を予《あらかじ》め十分に利用し尽すことなくして他の一国に宣戦を布告せるが如き事件にあらず。又《また》一国の国境が隣接国の武装軍隊に依り侵略せられたるが如き簡単なる事件にもあらず。何となれば満洲に於ては世界の他の部分に於て正確なる類例の存せざる幾多《いくた》の特殊事態あるを以てなり》（「リットン報告書」第九章）

要約すれば――満洲をめぐる問題は「極度に複雑」である。したがって、その「歴史的背景に関し十分なる知識ある」者だけが「決定的意見を表明する資格」をもつ。満洲事変も、たんに日本軍が侵略したというような「簡単なる事件にもあらず」。なぜというに、満洲には世界のほかの地域には見られないような多くの「特殊事態」があるからだ、というのです。

これを見てもわかるように、「リットン報告書」は一方的にシナ側の言い分を取り上げたわけではありません。調査団も満洲という地の複雑さを十分に認識していたのです。そこで、満洲事変前の状態に戻ることは現実的でないという日本側の主張も入れ、満洲における日本の特殊権益を認めています。

このあたりはジョンストンの記述とも一致します。混乱するシナ情勢を客観的に見つめ、分析していたジョンストンの目には、日本がシナを侵略しているようには見えませんでした。逆に、シナが日本の権益を侵しているように映った……。

前述したように、溥儀が日本公使館に逃げ込んだとき、芳沢公使は非常に困惑したようすだったと書いています。かつての清国皇帝が逃げ込んできたという突発事に公使が当惑しているわけですから、この一事からも、溥儀の逃走を日本側が仕組んだわけではないことは明らかです。

……こうして挙げていったらキリがないので、詳しくは完訳本を参照していただきたいと思います。

とにかくこのように、戦後の東京裁判で日本側が主張したかったことが淡々と、また客観的に記されているのが『紫禁城の黄昏』なのです。日本人にとって、このうえもなく重要な本であることは以上の引用だけからもおわかりいただけると思います。

『紫禁城の黄昏』はなぜ東京裁判で証拠採用されなかったのか

しかもこの『紫禁城の黄昏』には、満洲国皇帝・溥儀が、当時のことをいちばんよく知っているジョンストンが書いたのだという「序文」を寄せています。

《この危機的な時期の惨事と困窮を、彼（ジョンストン・渡部注）ほど詳しく知る者は誰もいない。したがって筆を執《と》って自らも役割を演じた出来事を記録するのに、彼ほど適任の者はいない。

この真実の記録は、身をもっての体験と観察にもとづいているだけに、あの時代の悲哀や秩序攪乱を回想する者にとって、すこぶる価値あるものとなろう》（序文）

溥儀が書いた文面の写真まで載っています。溥儀の印、すなわち御璽《ぎょじ》も押されている。まさに満洲国皇帝が内容保証をしている折紙《おりがみ》つきの本です。

そこで東京裁判に際して、アメリカ人の日本側弁護人ベンブルース・ブレークニー少佐はこの『紫禁城の黄昏』を弁護資料として提出しました。

ブレークニーは、大東亜戦争中に関東軍司令官や陸軍参謀総長を歴任した梅津美治郎《うめづよしじろう》大将の弁護人です。

しかしいま見たように、この文献を証拠資料として採用すると東京裁判自体が成り立たなくなってしまいます。東京裁判は、満洲事変のころから一貫して日本はシナ侵略を企てていたという前提に立っていたわけですが、しかし『紫禁城の黄昏』を読めば、日本側にシナ侵略の「共同謀議」などなかったことがはっきりしてしまうからです。

溥儀は勝手に日本の公使館に逃げ込んだのです。すると芳沢公使は、はじめは迷惑がっていました。その後も溥儀は満洲に入って独立したがったけれども、日本政府はむしろそれを抑える側にまわった——というのですから、それでは東京裁判が成り立たなくなってしまいます。

そこで、この本の証拠採用は却下されてしまいます。

第一は溥儀の裏切りです。溥儀はこの本に序文を書いているわけですが、ブレークニー弁護人が証人として出廷した溥儀に、「書かれていることはほんとうですね」と質問したところ、溥儀はなんと「覚えがない」と答えたのです。そして、「おそらく、鄭孝胥《ていこうしょ》が書いたのではないか」とつづけます。

鄭孝胥というのは満洲国国務総理（いわば総理大臣）をつとめた人物ですが、溥儀がそんなことをいったものだから、それをいいことに、ウェッブ裁判長（オーストラリア代表）は証拠資料としての採用を却下してしまいました。その理由は――。

①溥儀は序文を書いた覚えがないといっている。

②著者のジョンストンはすでに亡くなっているから、確かめるすべもない。

そこで、これだけ重要な本の証拠採用が却下されてしまったのです。

ところが、いまから考えれば却下されなくても済んだはずでした。というのも、前述したように溥儀が書いた序文には御璽が押してあったからです。それもふたつ押してある。そのひとつには「宣統御筆《せんとうぎよひつ》」とあります。「宣統帝」とは溥儀のことで、その御璽が押してある。われわれ庶民でいえば実印つき、ということになります。ということは溥儀自身が本の内容をすべて保証していることになります。

しかも先に引用したように溥儀自身、「ジョンストンほど、この時期のことを詳しく知る者はいない」と書いているのです。

ところがブレークニー弁護人は実印のない国からきていますから、そこに気がつかなかった。そこで却下されてしまったのです。

裁判が進むうちに、ジョンストンのこの本は重要だという局面が何回も出てきます。そのたびに弁護側は『紫禁城の黄昏』を証拠資料として再提出するのですが、しかし一回却下された本ですから（残念ながら）取り上げられることはありませんでした。証拠資料としての採否を争うなら、最初のときに御璽に言及して争わなければならなかったわけですが、それをしなかったために結局、証拠資料として採用されることはありませんでした。それに併行して、弁護側の言い分もほとんど通りませんでした。

溥儀と満洲国

東京裁判の法廷に証人として姿をあらわした溥儀はこんな証言をしています。——自分の満洲国皇帝への就任は関東軍の圧迫によったものであり、皇帝就任後の在位期間中もつねに関東軍の監視下にあり、自由意思はまったくなかった、と。

終戦直後の八月十九日、奉天飛行場でソ連軍に逮捕された溥儀は、当時ハバロフスク収容所に抑留されていたため、右の証言もソ連から強制されたもののようです。真実をいおうにも、彼にはそれが許されていなかったのです。もしソ連の意向にそむくような証言をすれば、ソ連に戻ってから処刑される可能性がありましたから、溥儀は偽証したのです。じっさい、東京裁判のために来日して出廷するあいだ、溥儀にはソ連人の監視が終始ついていました。「つねに関東軍の監視下にあった」というより「つねにソ連政府の監視下にあった」というほうが正確でしょう。

溥儀は法廷で、「満洲国皇帝への就任は関東軍の圧迫によるものであった」と証言していますが、それがまったくの偽証であることはジョンストンの記述を見れば明らかです。『紫禁城の黄昏』には、満洲国建国前の昭和六年（一九三一年）のこととして、こうあります。

《十一月十三日、上海に戻ってみると、私的な電報で皇帝が天津を去り、満洲に向かったことを知った。

シナ人は、日本人が皇帝を誘拐し、その意思に反して連れ去ったように見せかけようと躍起になっていた。その誘拐説はヨーロッパ人の間でも広く流布していて、それを信じる者も大勢いた。だが、それは真っ赤な嘘である》（終章）

《皇帝が誘惑されて満洲に連れ去られる危険から逃れたいと思えば、とことこと自分の足で歩いて英国汽船に乗り込めばよいだけの話である。皇帝に忠実で献身的な臣下の鄭孝胥は、皇帝の自由を束縛する牢番ではないことを強調しておきたい。皇帝は本人の自由意思で天津を去り満洲へ向かったのであり、その旅の忠実な道づれは鄭孝胥（現在の国務総理）と息子の鄭垂《ていすい》だけであった》（同上）

満洲国は、溥儀の熱烈なる希望にしたがって建国された国です。その大臣は全部満洲人、あるいは旧清朝の高官です。ところが彼らには実際上の行政能力が欠けていましたから、日本人が手伝わざるをえなかった。これが真相です。

大枠からいえば日本は、溥儀が父祖の地・満洲に満洲国を建てて皇帝になろうとするのを邪魔だてする勢力を退《の》けただけのことです。

それだけに溥儀は、非常に日本の天皇を尊敬していました。皇帝就任後、昭和十年と十六年の二回、日本を訪問していますけれども、そのつど非常に歓迎されて大変に感激しています。感激のあまりか、二度目の来日のときなど、帰国したら満洲の地に神廟《しんびょう》を建てて天照大神《あまてらすおおみかみ》を祀《まつ》ることを決めています。これについては、満洲国弘報処長（広報部長）だった武藤富男氏が『私と満州国』（文藝春秋）で面白いエピソードを記しています。

《満州国政府は日本皇室に対し、建国神廟に御神体として安置すべき御霊代《みたましろ》を乞うた。（中略）宮内省は、よその国に神鏡《しんきょう》を出すことはできぬとことわってきたのであった。

そこで満州国自身が神鏡の制作注文をして、皇帝の伊勢神宮参拝当日に間に合わせることになり、皇帝の一行とは別に、使者として韋煥章《いかんしょう》外務局長官が、職人の制作した神鏡を持参して……》（第五章）

こんな挿話からも、「満洲国皇帝への就任は関東軍の圧迫によったものである」という溥儀の証言がいかにデタラメであるか、わかります。むしろ彼は非常に日本に肩入れしていたのです。

したがって満洲問題を考えるときは、溥儀を視野に入れておかないといけません。そうでないと歴史を見る目が狂ってしまいます。

シナ本土のその後の動き

溥儀の動向や『紫禁城の黄昏』の重要性を強調したかったため、話が先へ進みすぎてしまいました。

本題に戻せば、松本さんの叙述には「溥儀」という名が一度も出てきません。しかし清朝皇帝の運命にまったく言及せずに満洲の問題を書こうというのは無理ではないかと思います。

ではなぜ『昭和史発掘』に溥儀の名が出てこないのか。

溥儀に言及すると、これまで私がふれたような満洲の歴史を語らないわけにはいかないからです。そしてそれは、左翼あるいはコミンテルン、さらには中国政府から見て都合の悪い話なのです。第一に、満洲がシナでないことがわかってしまいます。満洲における日本の権益もけっして不当なものではなく、当時の国際環境にあっては至極当然の権利であったことも述べなければなりません。そこで松本さんは、いっさい溥儀にふれなかったのです。

これまでの叙述からもわかるように、松本さんは左翼の思想を代表して『昭和史発掘』を書いています。だから溥儀の動きを全然書いていないのです。満洲の歴史をオミットしてしまったのも同様の理由によるはずです。

＊

繰り返しになりますが、溥儀が日本公使館に逃げ込んだのは一九二四年のことでした。張作霖と馮玉祥が一応、北京入城を果たしたところです。しかしこの後も北京の混乱はつづきます。

そのあたりの事情について、松本さんはこう書いています。

《北京は、これまで中国主権の所在地として列国の正式承認を得ていた場所だ。だから、北京は軍閥によっていつも争われた》

その争いのなかから一歩抜け出したのが、日本の後押しをうけた張作霖でした。

これに対して、蔣介石を総司令とする国民革命軍は広東《カントン》を根拠地に、シナ統一をめざして軍閥退治に向かいます（北伐《ほくばつ》）。一九二六年（大正十五年）のことです。

国民革命軍というのは、孫文の国民党と毛沢東の共産党が協調してつくった統一戦線です。ただし、孫文はその前年に死没していたので、蔣介石がリーダーシップをとっていたわけです。

国民革命軍はかなりのスピードで北上をつづけ、軍閥を追い落としていきましたが、その途中、分裂の危機を迎えます。というのも、蔣介石が共産党の排除に動き出したからです。

そこで一九二七年一月、国民党の一部と共産党は武漢《ぶかん》に新政府をつくりました。それに対して蔣介石は、南京に新国民政府をつくって武漢政府を否認して、改めて共産党討伐を宣言しています。

蔣介石の南京政府は揚子江《ようすこう》沿岸の商業を押さえていましたから、イギリスも日本も南京政府を承認しています（一九二七年）。

アメリカも蔣介石と結んでいました。というのも蔣介石は浙江《せっこう》財閥および広東財閥――とりわけ浙江財閥と親しかったからです。

浙江財閥は、もともとはアメリカに渡ってキリスト教徒になった宋耀如《そうようじょ》という人がシナでの聖書販売権をもって帰国したことにはじまります。それからあと、どんどん事業の手を広げ、大金持ちになって一代で築きあげた財閥です。宋耀如の次女・宋慶齢《そうけいれい》が孫文の夫人に、三女・宋美齢《そうびれい》が蔣介石の夫人になっています。そこでアメリカは浙江財閥をバックとする蔣介石を助け、長年の念願であったシナ大陸へ影響力をふるう足場にしようとしたわけです。したがって蔣介石と事をかまえることは、即アメリカと事をかまえることでした。この図式はすでにこのあたりからはじまっていたのです。

ともかく蔣介石は国民党内から共産分子を追い出します。そして南京政府と武漢政府の合併がなります。ただし、武漢政府はひとつの条件を出しました。それは「蔣介石の下野《げや》」でした。南京政府と合併してもいいけれど、共産党追い出しにはじまるこの混乱の責任をとって蔣介石は身を引くべきだという、一種の権力闘争があったのです。

そこで蔣介石は政府と国民党のポストから身を引きます。それが一九二七年八月。

そして九月末、蔣介石は来日して田中義一首相などと会っています。

松本さんによれば——蔣介石はまず腹心の部下に参謀本部第二部長だった松井石根《まついいわね》を訪ねさせ、そして田中首相および外務政務次官の森恪《もりかく》（事実上の外務大臣といわれた人物です）との仲介を依頼、このふたりと箱根で会見をしています。

《山浦貫一の『森恪』伝によれば、その会見では、大体、①共産党と分離し、ソ連と絶ったのちの国民革命の成功、支那の統一を日本が認める、②満州に対する日本の特殊地位と権益を支那は認める、という二点を中心にして、双方で円満な了解が成立したとある》

と、『昭和史発掘』にはあります。

蔣介石もこれに満足して、記者会見でこう述べています。

《「貴我両国民は一致して東亜の平和に努力するため、まず中国国民革命の完成を図り、真正なる両国歓喜の基礎を立てなければならぬ。かくしてここに同文同種、共存共栄の持論は初めて実現し得るのである」》

そして九州の長崎、雲仙あたりで日本の秋を悠々と楽しんで帰りました。

日本にしてみれば、もしこのとおりに進んでいれば、張作霖爆死事件も満洲事変もシナ事変も何も要《い》りませんでした。

日本が恐れたのはとにかく、共産革命が起って皇室廃止という事態に立ちいたることでした。これに怯えたのです。日本の国体《こくたい》の中心が皇室であることは日本国民みんなの考えでしたから、ロシアのロマノフ王朝のようになったらたまらないという思いでした。そこで田中首相も森恪も蔣介石に、「とにかく共産党と分離してくれればあなたを助けますよ」といったのです。

「田中上奏文」はシナがデッチあげた怪文書だ

この前後の話で問題になるのは、いわゆる「田中上奏文」(「田中メモランダム」)の扱い方です。

田中内閣は昭和二年(一九二七年)の六月末から七月はじめにかけて、シナに対する外交基本方針を固めるために「東方会議」をひらきました。議長は森恪。おもだった出席者は関東軍司令官・武藤信義《むとうのぶよし》大将、芳沢謙吉シナ駐在公使、吉田茂奉天総領事……。会議の目的は、それまでの軟弱な「幣原《しではら》外交」を改め、積極的な方針を打ち出すことでした。

すると、この東方会議の決定にもとづいて田中首相が書いたという「田中上奏文」がシナでばらまかれたのです。松本さんはこう書いています。

《この田中メモランダムは、不思議なことに、今まで全文を見た者はない。(中略)

ところが、最近竹内好《たけうちよしみ》（中国文学者・渡部注）の「中国の会」は、その全文を公表している（「中国」第十四号・昭和四十年一月発行）》

そして、その概略を紹介していますので、ポイントだけを見ておきます。

《わが帝国永久の隆盛を望むならここ（満蒙《まんもう》、すなわち満洲と内蒙古・渡部注）に積極的利権主義を打ち立てるべきだ、と説いている。

次の項は、「満蒙は支那の領土にあらず」と勇敢に断定して、（中略）「二十一カ条をもって根拠となし、勇往邁進《まいしん》し、もって我が既得の権利を拡充し、永久にその利益を享有すべきなり」とある。

つづいて（中略）わが国が一大資源を開発するためには、満鉄だけで満足すべきではなく、南北鉄道を手中に収めなければならないとし、（中略）

上奏文は最後に、満蒙の地には支那人の流入を防がなければ、わが日本人移民の進展が危なくなる、といい、「（満蒙から支那人を追出すには）我が警察力をもって支那移民を制禦《せいぎょ》し、資本家は一面賃銀の引下げをもってこれを駆逐し……」とする》

ここで注意すべきは、「怪文書」としながらも、松本さんがその内容を真実であるかのようにあつかっていることです。

《田中首相は上奏文を書いたといわれるが、これがのち中国側の手によって暴露され……》

《いわゆる幻の怪文書でもある。なかには当時、中国側が偽造したのだとも言う者があった。しかし、田中上奏文が実在していたのは確かで……》

という記述に、松本さんのスタンスがあらわれています。

しかし、この「田中上奏文」は明らかに偽書です。松本さんもいうとおり、これは東京裁判にも持ち出されたことがありますが、《真偽いずれとも決定しなかった》ということは、レッキとした怪文書だったということです。本物であるなら、日本を裁く文書としてこれほど有効なものはありませんから「日本のシナ侵略」の証拠として採用したはずです。しかし東京裁判では、それを使わなかった（使えなかった）。明らかにシナ側が作成した逆宣伝の文書だったからです。

げんに、東方会議がひらかれる前にシナで出まわっていたという証拠もありますから、怪文書であったことは明らかです。第一にこの「田中上奏文」がインチキ文書であることは、今では疑う余地なく明らかです。たとえば大正十一年（一九二二年）の二月一日に死去した山県有朋《ありとも》が、同年十一月の九カ国条約打開策のための会議に出席したことになっています。長州閥の軍人で、山県に最も近かった田中が、自分の親分の死亡について、こんな間違いをするはずがありません。そのほか、明々白々たる事実の間違いがいくつもあります。田中が間違えることができない間違いがいくつもあるのです。

日本がいかにもシナ大陸に対して悪辣《あくらつ》な侵略計画をもっていたかのごときことを書いて、シナ人の排日をあおる。またそれを世界に訴える。これはシナ人の常套手段です。

しかしアメリカのルーズベルト大統領はこれを読んで、徹底的に日本を叩こうと決心したと伝えられています。日本にとっては非常に不幸な怪文書でした。この怪文書に対してどのように有効な反駁《はんばく》がなされたか、私は知りません。日本政府は本気になって各国にこれがインチキ文書であることを、事実をあげて反論すべきでした。

この田中上奏文もふくめ、シナの怪文書は日本にものすごい打撃を与えてきました。南京事件にしても、それがはじめて世界に発信されたのはイギリスの日刊紙「マンチェスター・ガーディアン」の特派員ティンパーリ（オーストラリア人）による書物（『戦争とは何か』。漢訳版は『外人目撃中の日軍暴行』）でしたが、立命館大学の北村稔さんの『「南京事件」

の研究』（文春新書）によれば、ティンパーリはじつは国民党宣伝部の顧問をしていた人物でした。それが蔣介石政府から給料をもらいながら、その意を体してデッチあげの偽書を発行したのです。それがプロパガンダ文書であったことは今日、北村さんの手によって証明されています。

蔣介石は、戦いでは勝てないから、少なくとも宣伝戦で勝とうと、偽書をばらまいたのです。しかしその宣伝文書は、先に「田中上奏文」を本物と信じたルーズベルトのアメリカ政府の手にも渡りましたから、アメリカ政府はますます反日政策を固めていくようになったわけです。

見方によっては、『昭和史発掘』のなかのいちばんの大事件はこのインチキな「田中上奏文」といってもいいかもしれません。しかし松本さんはそのインチキを立証するのに熱心でなかった。やろうと思えば簡単だったと思うのですが。

なぜ張作霖は狙われたのか

日本が満洲全土を手に入れようとしていたわけではないことは、日露戦争で満洲からロシア軍を追い払ったあと、日本が満洲を清国に返していることからも明らかです。清朝がつぶれたのちも、馬賊あがりであるけれども有能な張作霖の満洲支配を黙って見ています。

ところが、その張作霖がだんだん日本の特殊権益を侵すようになります。清朝の皇帝のようになってシナ全土を征服したいという野望をいだくようにもなる。日本とすれば、「あなたは満洲の経営を一生懸命にやりなさいよ」といいたかったわけですが、力をつけてきた張作霖は満洲だけでは収まらなくなってしまったのです。

一九二七年ですから昭和二年、国民党軍の北伐に対抗するため、北京に陣取る軍閥は「北方安国軍《ほつぽうあんこくぐん》」を組織して、張作霖がそのトップ、大元帥の地位につきます。施政方針演説をしたり、軍政府の組織令を発布したりしています。

これに対して、下野していた蔣介石は北伐総司令として復帰すると、軍閥の馮玉祥《ひようぎよくしよう》や閻錫山《えんしやくざん》とも手を結んで共同戦線を張り、北京に攻めのぼってきます。

多勢に無勢。北方安国軍の旗色は悪くなり、一九二八年（昭和三年）、大元帥・張作霖はついに北京を退去して奉天に帰ることになります。その帰途に起ったのが、問題の爆死事件でした。

なぜ張作霖は狙われたのか、という問題について、松本さんはいくつかの理由をあげています。

《日本側は、張作霖を満州一帯の反共防波堤にしたかったので、彼の勢力が強大となり奉天から出て、北京で野心をふとらせるのが面白くなかった。（中略）……北京は完全に張の天下となった。彼の得意や想《おも》うべしだ。日本側のいうことを聞かなくなったのも当然だ》

《張が東三省一帯に勢力を伸ばすまでは、彼も日本軍部を利用したが、大成して北京で大元帥となってからは、かえって満州から日本勢力の一掃を考えるようになった。（中略）日本軍部からすれば、かえって張に利用されて裏切られたことになる》

私もだいたいこんなところが真相だろうと思います。

もう少し丁寧に見ておけば、張作霖はじわじわと日本の特殊権益を侵すようになってきました。

ひとつは、鉄道権益の圧迫です。すでに一九二四年（大正十三年）、満鉄線に並行して鉄道を敷こうとしています。併行線《へいこうせん》ができれば、満鉄の収入は当然減ってしまいます。

また、葫蘆島《ころとう》に新しい港を築いて、大連の港を枯死させようともしました。

いずれにしても、みずから権力を打ち立てようとしたとき、それまで自分を後押ししてくれた日本がかえって邪魔になってきたということです。日本のほうにすれば当然、「なんだ、おまえが満洲で威張れたのも日本軍のおかげじゃないか」という思いが募ります。

「これまで日本が助けてきたから、おまえだって威張れたんだ」という思いです。それにもかかわらず日本の権益を侵そうというなら、そんなやつは殺してしまえという意見も出る。それが張作霖爆死事件につながっていったのです。

＊

張作霖の死後は、息子の張学良《ちようがくりよう》が大元帥になり、奉天省を治めるようになりました。日本は、張学良とは喧嘩をする気はありませんでしたが、張学良にすれば自分の親を殺した日本軍を怨みに思っています。そこで突如、満洲がシナの一部であることを宣言するために青天白日旗を掲げたのです。

青天白日旗というのは、真赤な大地に青い空、白い太陽を配した旗です。これは当時のシナ（国民党政府）の国旗でした。

張学良は昭和三年十二月二十九日、その旗を満洲の主要都市にいっせいに掲げさせました。日本の意表を衝く華々しいパフォーマンスでした。これを「易幟《えきし》」と呼びます。「幟《のぼり》を易《かえ》る」、という意味です。

それまで日本は、満洲をシナと切り離しておこうという考えでした。そうすれば満洲における日本の権益は守れる。それでよかったわけですが、張学良が青天白日旗を掲げたので、そんなことは許しておけないということになり、それがやがて満洲事変につながっていきます。

満洲事変の引金はそれだけではありません。

松本さんは書いていませんけれども、張学良は満洲の地に猛烈な反日運動を引き起したのです。父親の張作霖がはじめた満鉄併行線の建設はもちろん、日本人の居住権を圧迫したり、商工業を妨害したり、排日教育を行ったりと、その状況はまったくひどいものでした。「日貨排斥」を叫んだシナ人たちは、日本人には物を売らないばかりか、日本人の店からは物を買わず、また日本の女子供と見るや石を投げつけ、一触即発の険悪なムードが漂いました。

そのようすについては、満鉄社員で「満洲青年連盟」の理事をしていた山口重次氏がこう書いています。

《奉天では日本人がうっかり城内にいくと、巡警、野次馬でふくろだたきに会う。小学児童の通学には、領事館警察隊が護衛していったが、それでも投石された》(『消えた帝国　満州』毎日新聞社)
《このように追いつめられ(中略)満鉄が事業不振で大縮減をやれば、満鉄に付随しているいろんな業者が参ってくる。まず土木業者が手をあげる。料理屋、旅館も火の消えたようになる。付属地外の日本人工業、鉱業、林業も圧迫で事業をやめざるをえない。二十万人の日本人は旗を巻いて日本に引きあげるか、残って餓死するかのどたん場に追いつめられたといってもいい過ぎではない》（同上）

学校にもいけない、買い物もできないというありさまでした。

駐タイ大使などを歴任した外交評論家・岡崎久彦氏は、そのころの満洲の状況を外国人に説明するには、「インティファーダ」という言葉を使うとわかりやすいといっています。イスラエルがパレスチナを占領して、パレスチナ人は武器をもてませんでした。そこでとにかくイスラエル人を追い払おうと、パレスチナ人たちはイスラエル人の店では物を買わない、イスラエル人が買い物にきたら売らない、あるいは石を投げる……。そういう嫌がらせをしましたが、それが「インティファーダ」です。そうしてイスラエル人がいたたまれないようにしたわけです。

じつは満洲事変も、「シナ人のインティファーダがあったために起ったのですよ」というと非常にわかりやすいと、岡崎さんはいいます。アメリカ人なら、ただちにわかるはずだといっていました。

日本人の、それも婦人・子供と見たら石を投げる。日本人が野菜を買いにきても売らない。日本人の店からは物を買わない。そんなことをやられたら、満洲には住めません。しかもそれを大勢で、我慢できなくなるところまでやる。

そのために満洲事変が起ったともいえます。「リットン報告書」にもこんなくだりがあります。

《「ボイコット」（日本製品排斥・渡部注）の日支関係に及ぼせる心理的影響は物質的影響よりも算定に困難なれども、広範囲の日本輿論《よろん》の対支感情上に惨憺《さんたん》たる反響を起したる点に於て確に物質的影響に劣らず重大なり。（中略）

日本の輿論は日本が其の蒙《こうむ》りつつある損害に対し自らを保護すること能《あた》はざるを知りて憤激せり。（中略）兎《と》に角《かく》「ボイコット」は近年日支関係を深く悪化せる諸原因中の一たりしことは疑《うたがい》の余地なし》（第七章）

満洲独立の動き

満洲という土地はとにかく複雑な要素をもっていたのです。

そこで前述したように、蔣介石などは田中首相および森恪と会見したとき、「満洲に対する日本の特殊地位と権益を認める」といっています。蔣介石が正しい認識をもっていたのは、多分に彼が南方シナ人だったからだと思います。というのも、南方の主食は米なのに満洲は高粱《コーリヤン》です。主食のちがう国まで、自分の国だとは思わなかったのでしょう。

また、当時のシナでは満洲系統の人を王にしようという動きがありました。そうした動きがたくさんあったことはジョンストンの『紫禁城の黄昏』のなかにも出てきますが、ただし戦後の歴史からはすべて省かれております。松本さんもほんのちょっとふれるだけです。

《また、北方の粛親王《しゆくしんのう》を守立《もりた》てて満蒙に独立国を作らせようとして資本を出したのは大倉組であった。日本の資本家が隣邦の動乱をいかに喰《く》い物にしていたかがわかろうというものだ》

いかにも資本家嫌いの松本さんらしい書き方だと思います。

そうしたなか、張作霖爆死事件が起り、田中内閣が天皇陛下からの信頼を失って辞職すると、民政党の浜口（雄幸《おさち》）内閣に代わります。そこで松本さんはこう書きます。

《野党時代、あれほど「満洲某重大事件」の内容発表をせまっていたのに、内閣を組織してからは掌《てのひら》を返したように口をぬぐって沈黙した。浜口内閣も軍部の重圧に手も足も出なかったのだ。のみならず、幣原《しではら》外相は軍部に引きずりまわされ、満州独立の方向に引っぱられる》

幣原喜重郎《きじゅうろう》外相は「軟弱外交」といわれて、いろいろシナに好意的な外交をしていますが、いずれも日本のためには仇になるようなことを多くやった人です。その幣原外相が「満洲独立のほうに動いた」というのです。松本さんのわずか一行の記事ですが、これは非常に重要です。私はこのあたりの動きこそ丁寧に書いてほしかったと思います。

もしも外務省と関東軍がもう少し情報を交換しあって満洲経営にあたっていれば、そうすれば諸外国から何の文句もいわれずに満洲独立までもっていけたと思います。なにしろ溥儀は清朝の正統の皇帝で、その溥儀が故郷である満洲に帰って、そこで国を再建したわけですから、だれも文句はいえません。日本はその後押しをしただけです。

だから幣原外相が「軍部に引きずりまわされ、満洲独立の方向に引っぱられた」のを「残念」というのではなく、幣原外相が軍部と協力して満洲独立のために外交的なはたらきをしていたなら、満洲国は万々歳であった、と——日本人であれば、そう書くべきではないでしょうか。また歴史的にいっても、満洲人の皇帝を満洲国皇帝にしたわけですから、それを積極的に諸外国に訴えたなら、その後のあらゆるゴタゴタもなくて済んだ可能性もあります。

松本さんには、そうした可能性がどのあたりで切れてしまったのか、むしろそのあたりのことを調べていただきたかったと思います。

昭和天皇のご意見が抑えられた「悲劇」

もうひとつ、満洲某重大事件には昭和史をめぐる大きな問題が隠されています。前にもふれたことですが、事件をめぐって田中義一首相が曖昧な返事をすると、昭和天皇は「田中総理の言うことはちっとも分らぬ。再び聞くことは自分はいやだ」といわれたために、田中首相は辞任していまず。

すると今度は、それが重臣たちのあいだで問題になります。重臣は忠義な人たちですから天皇にあまり文句もいいませんが、内大臣・牧野伸顕《まきののぶあき》（吉田茂の岳父）や元老・西園寺公望といった重臣たちは、天皇陛下は立憲君主なのだから政治的な意見を述べるべきではないということをいいます。松本さんはこう書いています。

《いずれにせよ、天皇の一言が田中を辞職の決心に至らせたことは間違いないようだ。

日本の立憲制は英国の制度にならい、いわゆる宮中、府中の別が確立されていた。ところが、今度に限り天皇の一言が内閣を総辞職させたのだから、明治以来歴史的な天皇の発言ということができる。

外務省栗原健の著『天皇』によれば、「天皇は、ずっと後になって、あのときの言葉は、少し言い過ぎだったと思うと述べられたということである」と書かれてあるが、以後、天皇は発言によほど慎重になった、と説く書もある》

昭和天皇ご自身、こう回顧されています。

《こんな云ひ方をしたのは、私の若気《わかげ》の至りであると今は考へてゐるが、とにかくそういふ云ひ方をした。それで田中は辞表を提出し、田中内閣は総辞職をした。（中略）この事件あつて以来、私は内閣の奏上する所のものは仮令《たとえ》自分が反対の意見を持つてゐても裁可を与へる事に決心した》（『昭和天皇独白録』、文春文庫）

昭和天皇がいわれることはもっともだとしても、しかし私は、それが日本の悲劇につながったと見ています。

日本の制度からいいますと、本来は天皇が元首《げんしゅ》です。ところが、明治憲法ができたとき、それをつくった人たちはまだ元老として生きておりました。彼らは、自分たちこそが明治政府をつくったと思っていました。したがって明治天皇がいらっしゃっていても、彼ら元老会議の意見が即《そく》明治天皇の意見であると考えていました。げんにまた、そのとおりでした。そして、その元老会議が首相を選んでいましたから、首相の意見はすなわち元老の意見であり、また天皇の意見でもありました。

首相の背後には元老、さらに天皇がいたわけですから、首相の力はオールマイティでした。日露戦争のときの首相は桂太郎という若い人でしたが、彼は元老会議で選ばれた首相ですから、海軍も陸軍もみんな首相のいうことを聞いたわけです。

ところがその後、元老はどんどんいなくなってしまいます。昭和に入ると、生き残りは西園寺公望《きんもち》公爵ただひとりになってしまう。それでも西園寺公は歴代首相を推薦しつづけましたが、しかし元老に往年の力はありませんでした。

するとどうなるかといえば、ほんとうに力と権威のある首相が出にくくなってしまうのです。軍部も首相のいうことを聞かなくなってしまう。同時に、天皇の意見＝元老の意見＝首相の意見、という等式も成り立たなくなってしまいます。

満洲某重大事件で「田中総理の言うことはちっとも分らぬ」と、ご自分の意見を述べられたあと、昭和天皇のご意見が日本の政治を動かしたことは二度しかありません。

一度は二・二六事件（昭和十一年）のときです。

このときは岡田（啓介）首相が殺されたという知らせが入った（実際は生きていた）ため、政府がなくなったという事態でしたから、昭和天皇は断をくだしました。本来、軍隊を動かすのは天皇の許可がないといけないし、平時編制から戦時編制への切り替えは天皇だけができるのに、青年将校たちはそれにそむいて軍を動かし、しかも天皇の重臣たちを殺しました。そこで「彼ら青年将校は叛乱軍だ」と天皇がおっしゃったので、アッという間に二・二六事件はつぶれました。

もう一回は、昭和二十年の最後の御前会議のときです。ポツダム宣言を受諾するか否かで意見がわかれて、時の鈴木貫太郎首相は「私ではまとめようがありません」といって逃げました。これは立憲君主制度では絶対にやってはいけないことでした。責任は必ず大臣たちが負わなければいけません。ところが、鈴木内閣は決断を放り出して天皇に丸投げしたのです。すると昭和天皇が「それならば私の意見をいおう」とおっしゃって、「私は外務大臣（東郷茂徳《とうごうしげのり》）の意見に賛成である」といわれて、これでポツダム宣言受諾が決まったという経緯があります。

昭和天皇はこの二度しか意見をおっしゃっていません。

しかし昭和天皇は、昭和史の折々の出来事についていろいろなご意見ももち、またご不満もおありだったようです。それを考えると、もし満洲某重大事件のあのとき、重臣たちが昭和天皇のご発言を抑えすぎなければ、その後の昭和史の悲劇はいくつも避けられたのではないかと思うのです。

昭和天皇というかたはきわめて抜群の判断力をもっていらっしゃいました。統帥権干犯問題のときも、美濃部《みのべ》問題（天皇機関説問題。本書下巻　第12章参照）のときも、流れはすべて昭和天皇のご意見とは反対のほうへいってしまいました。もし昭和天皇がもっとはっきりご意見をいえるようであったなら……昭和史の悲劇は防ぎえたはずでした。

その意味でも、満洲某重大事件のひとつの結果として、昭和天皇のご発言が抑えられたという問題が松本さんの本にあらわれてこないのは残念です。

『昭和史発掘』の満洲某重大事件の項にはふたつほど、重大な欠落があります。溥儀にふれていないことと、昭和天皇のこの問題にふれていないことです。このふたつの要素を入れると、見方はがらりとちがってきます。

また松本さんは、満洲事変へ至る一プロセスとしてしか張作霖爆死事件を見ていませんが、じつはそうではなくて、あれはむしろ溥儀が満洲国に入る、その露払いの事件だったと見るべきではないでしょうか。

本書は2005年12月に小社より刊行された
『昭和史~松本清張と私』を上下巻に分けて新書版にしたものです。

[著者略歴]

渡部昇一（わたなべ・しょういち）

上智大学名誉教授。1930年、山形県生まれ。1955年、上智大学大学院修士課程修了。ドイツのミュンスター大学、イギリスのオックスフォード大学に留学。ミュンスター大学哲学博士(1958年)、同大学名誉哲学博士(1994年)。深い学識に裏打ちされた鋭い評論で知られる。第24回エッセイストクラブ賞、第1回正論大賞受賞。専門書のほかに、『知的生活の方法』『自分の壁を破る人、破れない人』をはじめ多数の著作があり、ベストセラー、ロングセラーを続けている。最新刊に『知的読書の技術』『日本人の遺伝子』（いずれもビジネス社）などがある。

編集協力／松崎之貞

昭和史 上～松本清張と私

2016年12月23日　　第1刷発行

著　者　渡部 昇一
発行者　唐津 隆
発行所　株式会社ビジネス社
〒162-0805　東京都新宿区矢来町114番地 神楽坂高橋ビル5F
電話　03(5227)1602　FAX　03(5227)1603
http://www.business-sha.co.jp

〈印刷・製本〉中央精版印刷株式会社
〈装丁〉上田晃郷
〈本文DTP〉茂呂田剛（エムアンドケイ）
〈編集担当〉本田朋子　〈営業担当〉山口健志

ISBN978-4-8284-1925-1

ビジネス社の本

全人類を唸らせた！二千七百年受け継がれる日本人の遺伝子

渡部昇一……著

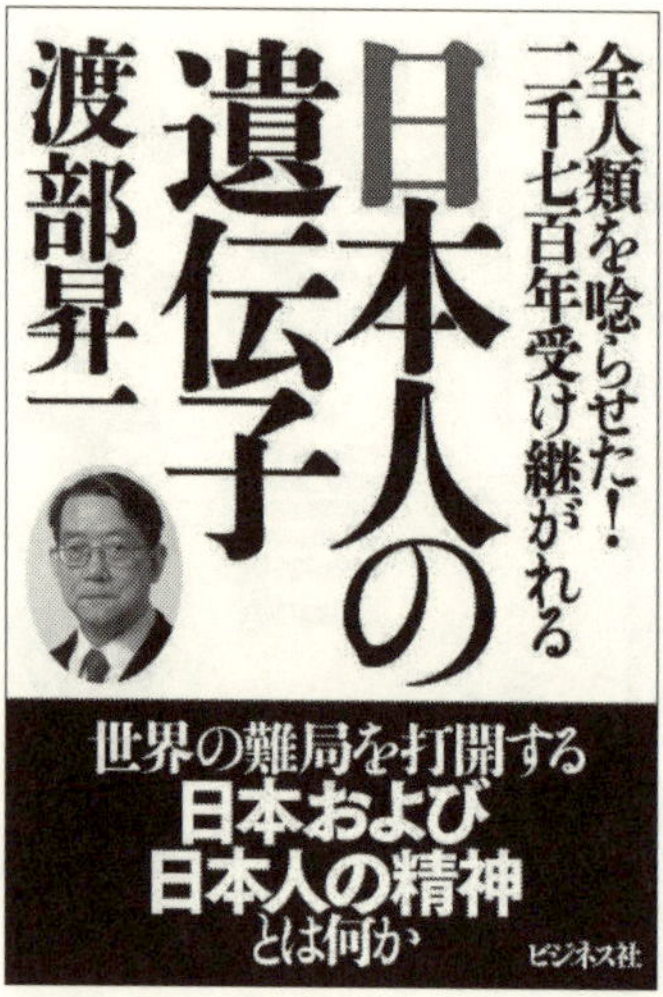

世界の難局を打開する日本および
日本人の精神とは、思想とは何なのか？
混迷する時代を救う世界に誇れる
究極の「お国自慢」！

定価　本体１４００円＋税
ISBN978-4-8284-1891-9

本書の内容